나의 직업

간호사

행복한 직업 찾기
나의 직업 간호사

1판 1쇄 펴낸날 2013년 11월 12일
1판 6쇄 펴낸날 2019년 7월 10일

엮 은 이 | 청소년행복연구실
펴 낸 곳 | 동천출판

등   록 | 2013년 4월 9일 제319-2013-25호
주   소 | 서울특별시 서초구 효령로 60길 15(서초동, 202호)
전화번호 | (02) 588 - 8485
팩   스 | (02) 583 - 8480
전자우편 | dongcheon35@naver.com

값 15,000원
ISBN 979-11-950654-6-2 43370

행복한 직업 찾기 시리즈

나의직업 간호사

Dongcheon
동천출판

⚙ 나이팅게일 선서 ⚙

나는 일생을 의롭게 살며 전문 간호직에 최선을 다할 것을 하느님과 여러분 앞에 선서합니다.

나는 인간의 생명에 해로운 일은 어떤 상황에서나 하지 않겠습니다.

나는 간호의 수준을 높이기 위하여 전력을 다하겠으며 간호하면서 알게 된 개인이나 가족의 사정은 비밀로 하겠습니다.

나는 성심으로 의료인과 협조하겠으며, 나의 간호를 받는 사람들의 안녕을 위하여 헌신하겠습니다.

Florence Nightingale Pledge

I solemnly pledge myself before God and in presence of this assembly to pass my life in purity and to practice profession faithfully.

I will abstain from whatever is deleterious and mischievous and will not take or knowingly administer any harmful drug.

I will do all in my power to elevate standard of my profession, and will hold in confidence, all personal matters committed to my keeping, and all family affairs coming to my knowledge in the practice of my calling.

With loyalty will I endeavor to aid the physician in his work and devote myself to the welfare of these committed to my care.

한국 간호사 윤리선언

우리 간호사는 인간의 존엄성과 인권을 옹호함으로써 국가와 인류 사회에 공헌하는 숭고한 사명을 부여받았다.

이에 우리는 간호를 통한 국민의 건강 증진 및 안녕 추구를 삶의 본분으로 삼고 이를 실천할 것을 다음과 같이 다짐한다.

- 우리는 어떤 상황에서도 간호 전문직으로서의 명예와 품위를 유지하며, 최선의 간호로 국민 건강 옹호자의 역할을 성실히 수행한다.

- 우리는 인간 존엄성에 영향을 줄 수 있는 생명과학 기술을 포함한 첨단 과학 시술의 적용에 대해 윤리적 판단을 견지하며, 부당하고 비윤리적인 의료 행위에는 일체 참여하지 않는다.

- 우리는 간호의 질 향상을 위해 노력하고, 모든 보건의료 종사자의 고유한 역할을 존중하며 국민 건강을 위해 상호 협력한다.

- 우리는 이 다짐을 성심으로 지켜 간호 전문직으로서의 사회적 소명을 완수하기 위해 최선을 다할 것을 엄숙히 선언한다.

♀ CONTENTS

PART 1

간호사라는 직업

의료 기술의 발달과 더불어 간호 영역도 확대·심화
되면서 보다 수준 높은 간호사를 양성하기 위한 전
문 간호사 제도가 1973년 '분야별 간호원'이라는 이
름으로 도입되었다. 이는 2000년에 '전문 간호사'
로 명칭이 바뀌었다. 2003년에는 전문 간호사의 자
격 기준이 강화되면서 종류도 확대되어 보건·마취·
가정·정신·감염·중환자·산업·노인·호스피스·
응급 등 10개 분야로, 2005년에는 종양·임상·
아동 분야가 추가되어 모두 13개 분야로 늘어났다.

1 간호사의 연혁과 현황

    일반적으로 간호사는 병원에서 의사를 도와 환자를 치료하거나 환자를 돌보는 일을 하는 사람이라고 단순하게 생각한다. 하지만 간호사는 사실 이보다 훨씬 복잡하고 다양한 일을 하는 전문 직업인이다. 즉 간호사는 허약하거나 장애가 있는 사람, 다치거나 병든 사람, 또는 임산부와 같은 사람들의 건강을 보살펴 주고 그들을 치료하는 것은 물론, 질병 예방을 포함한 여러 가지 보건 활동에 종사하는 의료 전문인이다.

    오늘날 사회가 발전하고 건강에 대한 사람들의 관심이 높아지면서 그들에 대한 사회적 수요는 더욱 늘어나고 있다. 이와 더불어 간호의 성격도 치료적 간호에서 건강과 질병 예방을 중심으로 바뀌어 가고 있다.

　이러한 간호사 제도가 우리나라에 처음 소개된 것은 19세기 말 선교를 위해 들어온 서양의 의사와 간호사들에 의해서였다. 이들은 환자를 치료하고 간호하는 한편 간호사를 양성하는 교육 사업도 했다. 선교 간호사 마거릿 에드먼즈나 에스터 쉴즈 같은 사람들이 대표적이라 할 수 있다. 에드먼즈는 우리나라에서 최초로 간호사 교육을 한 사람이고, 쉴즈는 세브란스 간호부 양성소에서 교육 활동을 한 사람으로 당시 '한국의 나이팅게일'로 불리었다.

　우리나라 간호사 제도와 간호사 교육기관의 발전은 바로 이러한 사람들의 노력에 힙입어 이루어지기 시작해 오늘에 이르렀다고 할 수 있다. 즉, 서울 정동의 이화학당 구내에 세워진 최초의 여성 전문 병원인 보구여관에서 1903년 에드먼즈가 6명으로 시작한 간호사 양성 교육은 1906년 세브란스 간호부 양성소, 1946년 고등간호학교를 거쳐 1955년 대학의 정규 간호교육 과정으로 발전하였다. 그리고 1978년에는 간호학 박사학위 과정이 개설되었다.

　2019년 현재 전국적으로 한국방송통신대학교를 비롯해 68개의 전문대학과 112개의 일반 4년제 대학에서 간호사 교육을 하고 있으며, 매년 1만 1000명 이상이 간호사 면허증을, 그리고 2만 5000명 이상이 간호조무사 자격증을 받고 있다.

　또한 초기에 사용하던 '간호부'라는 명칭도 1954년에는 '간호원'으로, 1987년에는 '간호사'로 바뀌었다.

그리고 의료 기술의 발달과 더불어 간호 영역 역시 확대·심화되면서 보다 수준 높은 간호사를 양성하기 위한 전문 간호사 제도가 1973년 '분야별(보건·마취·정신·가정 등 4개 분야) 간호원'이라는 이름으로 도입되었다. 이는 2000년에 '전문 간호사'로 명칭이 바뀌었다.

2003년에는 전문 간호사의 자격 기준이 강화되면서 종류 또한 확대되어 보건·마취·가정·정신·감염·중환자·산업·노인·호스피스·응급 등 10개 분야로, 2005년에는 종양·임상·아동 분야가 추가되어 모두 13개 분야로 늘어났다.

2019년 현재 전국적으로 36개 대학원의 84개 전문 간호사 교육과정에서 연 672명을 선발하여 교육하고 있으며, 전문 간호사에 대한 수요는 앞으로 더욱 늘어날 것으로 전망된다.

이들 간호사는 병원이 발달하면서 주로 의료기관(병원·의원·요양병원·한의원 등)에서 일하지만, 요즈음은 병원이 아닌 일반 가정이나 산업체, 학교, 관공서 등지에서도 일을 한다. 다른 나라의 경우에는 간호사도 일정 기간 이상 의료기관에서 경력을 쌓은 다음에는 병원처럼 독자적인 간호 전문시설(너싱홈·방문간호센터 등)을 개설하여 개인적으로 활동하기도 한다.

우리나라 간호사 수는 예전에 비하여 빠른 속도로 증가했지만 다른 나라와 비교해 볼 때 아직 절대적으로 부족한 실정이다. 선진국과 같은 수준이 되려면 지금보다 두 배 이상 많은 간호사가 필요하다.

간호사 면허 소지자 수

(단위:명)

연도	1990	1995	2000	2005	2010	2015	2017
면허자	89,032	120,415	160,301	213,647	270,274	338,629	374,990

〈자료 : 2018 보건복지 통계연보, 보건복지부, 2018〉

의료기관별 간호사 취업자 수 (2017년 12월 기준 총 취업자 수 185,853명)

(단위:명)

의료기관 종류	상급 종합병원	종합병원	병원	요양병원	의원	치과 병·의원	보건기관	한방병원
간호사수	47,131	61,544	29,620	24,436	14,566	551	5,409	1,587

〈자료 : 『손에 잡히는 의료심사평가 길잡이』, 건강보험심사평가원, 2018〉

국가별 인구 1,000명당 간호사 수 비교

(단위:명)

구분	한국	미국	일본	스웨덴	독일	핀란드	영국
연도	2015	2007	2014	2014	2015	2014	2015
인구수	5.9	10.6	11.0	11.1	13.3	14.7	7.9

* 한국은 간호조무사도 포함
〈자료 : 2017 보건복지백서, 보건복지부, 2018〉

2 간호사와 간호조무사는 어떻게 다른가?

　　일반인들이 생각할 때 간호사와 간호조무사는 모두 병원에서 환자들을 돌보는 직업으로 별다른 차이가 없는 듯 보인다. 사실 우리가 아플 때 흔히 찾아가는 동네 병원에서 만나는 간호사는 간호사인지 간호조무사인지 잘 알 수가 없다.

　　그래서 흔히 간호사와 간호조무사가 같은 일을 한다고 생각하기 쉽다. 하지만 자세히 살펴보면 이들 사이에는 몇 가지 다른 점이 있다. 이를 살펴보면 다음과 같다.

되는 과정이 다르다

간호사가 되기 위해서는 4년제 대학교의 간호학과나 전문대학의 간호과(2015년까지 4년제로 일원화됨)를 졸업하고 국가가 시행하는 간호사 면허시험에 합격해야 한다.

그러나 간호조무사는 일반적으로 고등학교 졸업 후 약 9개월(비진학 인문계 고등학생 위탁 교육의 경우에는 고등학교 3학년 전 기간) 동안 간호학원에서 기초 간호 교육(이론＋실습)을 받고 간호조무사 자격시험에 합격하면 된다.

간호사의 경우

- 대학(3~4년제) 간호학과 졸업자, 또는
- 외국 대학 간호학과 졸업 후 외국 간호사 면허 취득자

＋

- 간호사 국가시험 합격

＝

- 간호사 면허 취득

간호조무사의 경우

- 고등학교 졸업 이상의 학력

＋

- 특성화고 간호 관련과 졸업자
- 국·공립 간호조무사 양성소 졸업자
- 평생교육시설 간호 관련 교육과정 졸업자
- 간호조무사 양성 학원 졸업자
- 외국의 간호조무사 자격 취득자

＋

- 법정 실습 과정 수업

＋

- 간호조무사 자격시험 합격

■ 기초 간호학 개요(40%) : 간호관리, 기초 해부생리, 기초 약
  리, 기초 영양, 기초 치과, 기초 한방, 기본 간호, 성인

■ 모성 · 아동 · 노인 · 응급 관련 간호의 기초(치의학 기초 개론과 한
  의학 기초 개론 포함)

■ 보건간호학 개요(20%) : 보건교육, 보건행정, 산업보건, 환경
  보건

■ 공중보건학 개론(20%) : 질병관리사업, 인구와 출산, 모자 보
  건, 지역사회 보건, 의료관계 법규(의료법 · 정신보건법 · 결핵예방
  법 · 구강보건법 · 혈액관리법 및 전염병 예방법 포함)

■ 실기(20%) : 병원간호 실기학

  * 합격 : 매 과목 만점의 40퍼센트 이상, 전 과목 총점의 60퍼센트 이상
    득점한 자.

간호조무사 자격증 소지자 수

(단위:명)

연도	1990	1995	2000	2005	2010	2015	2017
인원	143,760	188,714	242,262	340,375	470,954	619,322	681,276

〈자료 : 2017 보건복지백서, 보건복지부, 2018〉

 의료법

제7조 (간호사 면허) 간호사가 되려는 자는 다음 각 호의 어느 하나에 해당하는 자로서 제9조에 따른 간호사 국가시험에 합격한 후 보건복지부 장관의 면허를 받아야 한다.

1. 간호학을 전공하는 대학이나 전문대학(구제舊制 전문학교와 간호학교를 포함)을 졸업한 자

2. 보건복지부 장관이 인정하는 외국의 제1호에 해당하는 학교를 졸업하고 외국의 간호사 면허를 받은 자

제80조 (간호조무사)

① 간호조무사가 되려는 자는 시 · 도지사의 자격 인정을 받아야 한다.

간호조무사 및 의료 유사업자에 관한 규칙

제4조 (간호조무사 자격시험의 응시 자격)

① 간호조무사 자격시험에 응시할 수 있는 사람은 다음 각 호의 어느 하나에 해당하는 사람으로서 해당 교육기관에서 740시간 이상의 학과교육과 교육기관의 장이 실습교육을 위탁한 의료기관(조산원은 제외한다) 또는 보건소에서 780시간 이상의 실습과정을 이수한 사람이어야 한다. 이 경우 실습과정 중 종합병원이나 병원에서의 실습시간은 400시간 이상이어야 한다.

1. '초·중등교육법 시행령' 제91조 제1항에 따른 특성화고등학교의 간호 관련 학과를 졸업한 사람(간호조무사 자격시험 응시일부터 6개월 이내에 졸업이 예정된 사람을 포함한다).

2. '초·중등교육법' 제2조에 따른 고등학교 졸업자(간호조무사 자격시험 응시일부터 6개월 이내에 졸업이 예정된 사람을 포함한다) 또는 '초·중등교육법 시행령' 제98조 제1항에 따라 고등학교 졸업자와 같은 수준의 학력이 있다고 인정된 사람(이하 '고등학교 졸업 학력 인정자'라 한다)으로서 국공립 간호조무사 양성소의 교육을 이수한 사람.

3. 고등학교 졸업 학력 인정자로서 '평생교육법' 제31조 제2항에 따라 지정된 학교 형태의 평생교육시설에서 고등학교 교과과정에 상응하는 교육과정 중 간호 관련 학과를 졸업한 사람(간호조무사 자격시험 응시일부터 6개월 이내에 졸업이 예정된 사람을 포함한다).

4. 고등학교 졸업 학력 인정자로서 '학원의 설립 운영 및 과외교습에 관한 법률 시행령' 별표 2에 따른 학원의 간호조무사 교습 과정을 이수한 사람. ② 제1항에도 불구하고 다음 각 호의 어느 하나에 해당하는 사람은 간호조무사 자격시험에 응시할 수 있다.

5. 고등학교 졸업 학력 인정자로서 보건복지부 장관이 인정하는 외국의 간호조무사 교육과정을 이수하고 해당 국가의 간호조무사 자격을 취득한 사람.

하는 일이 다르다

　　간호사는 의사가 환자를 진료하는 것을 도울 뿐 아니라 의사가 수술하는 것을 보조하고, 환자에게 약품을 투여하거나 외상 치료를 하면서 환자의 상태와 반응을 관찰·기록하고 그 결과를 의사에게 알린다. 또, 의사가 자리에 없을 경우 긴급한 상황이 일어나면 비상조치를 취하고, 의사의 처방이나 규정에 따라 환자를 치료한다.

　　한편, 간호조무사는 의사의 환자 진료를 돕고(진료 보조) 간호사가 환자를 간호하는 일을 돕는다(간호 보조). 따라서 언뜻 보기에는 간호사와 별다른 차이점이 없는 것 같다.

　　하지만 간호사가 비전문적인 분야와 전문적인 분야에 두루 걸쳐 일하는 것에 비해 간호조무사는 전문성이 높지 않은 비교적 단순한 의료 보조 행위와 간호 보조 행위를 주로 한다는 차이점이 있다.

　　즉, 간호조무사는 환자를 안내하고 환자의 검사물을 채취하며 진료기록부를 관리한다. 또 상처를 돌보는 일과 응급처치 등을 도와주며, 환자의 일반적인 상태를 보고하고, 환자를 수술실로 옮기는 일 등을 한다. 또한 병실의 세탁물을 갈고 소모품 등 병원의 물품을 관리하며, 환자를 목욕시키고 환자의 운동이나 보행을 도와준다. 이밖에 병실을 청결하게 하고 침상을 정리 정돈하는 일 등을 한다.

이에 반해 간호사는 환자의 행동이나 심리 상태를 관찰하고, 환자의 위생 습관이나 알레르기 유무를 알아본다. 또한 혈압·맥박·호흡·혈당 등을 측정하고, 진료에 필요한 여러 가지 검사를 준비하며, 결과를 확인하는 일 등을 한다. 뿐만 아니라 의사의 지시에 따라 환자에게 약을 주고 주사를 놓으며, 환자의 호흡·배설·체온 등을 유지 관리하고, 응급상황에 대처하여 구급처치 및 쇼크 예방 등의 일을 한다. 이밖에도 수술과 관련한 소독 및 감염 예방 활동은 물론, 수술에 참여하여 의사를 도와주며, 합병증 관리와 뇌 순환 촉진 등 의료 행위와 관계되는 다양한 일을 한다. 한마디로 간호사는 법률(의료법)이 규정한 의료인이지만, 간호조무사는 의료인이 아니다.

따라서 간호조무사는 상황에 따라 간호사의 일을 부분적으로 대신할 수 있을 뿐, 간호사와 동일하지는 않다.

의료법

제2조 (의료인)

① 이 법에서 '의료인'이란 보건복지가족부 장관의 면허를 받은 의사·치과의사·한의사·조산사 및 간호사를 말한다.

② 의료인은 종별에 따라 다음 각 호의 임무를 수행하여 국민 보건 향상을 이루고 국민의 건강한 생활 확보에 이바지할 사명을 가진다.

5. 간호사는 상병자나 해산부의 요양을 위한 간호 또는 진료 보조 및 대통령령으로 정하는 보건 활동을 임무로 한다.

의료법 시행령

제2조 (간호사의 보건 활동) '의료법' (이하 '법'이라 한다) 제2조 제2항 제5호에서 '대통령령으로 정하는 보건 활동'이란 다음의 보건 활동을 말한다.

1. '농어촌 등 보건의료를 위한 특별조치법' 제19조에 따라 보건진료원으로서 하는 보건 활동

2. '모자보건법' 제2조 제11호에 따른 모자보건요원으로서 행하는 모자보건 및 가족계획 활동

3. '결핵예방법' 제29조에 따라 결핵관리요원으로서 하는 보건 활동

4. 그 밖의 법령에 따라 간호사의 보건 활동으로 정한 업무

간호조무사에 관한 규칙

제 80조의 2 (간호조무사 업무)

① 간호조무사는 제27조에도 불구하고 간호사를 보조하여 제2조제2항제5호 가목부터 다목까지의 업무를 수행할 수 있다.

가. 환자의 간호요구에 대한 관찰, 자료수집, 간호판단 및 요양을 위한 간호

나. 의사, 치과의사, 한의사의 지도하에 시행하는 진료의 보조

다. 간호 요구자에 대한 교육 · 상담 및 건강증진을 위한 활동의 기획과 수행, 그 밖의 대통령령으로 정하는 보건활동

* 한국보건의료인 국가시험원에서 제정한 간호조무사와 간호사 직무 분석표를 비교 참조하면 더 자세하게 알 수 있다.

취업할 수 있는 곳이 다르다

간호사는 간호조무사에 비해 훨씬 다양한 직장을 구할 수 있으며, 병원에서 환자를 돌보는 임상직이 아닌 연구직이나 보건교사, 보험회사 직원 또는 조산사로도 나아갈 수 있다.

병원의 경우에도 간호사는 모든 의료기관에 취직할 수 있지만 간호조무사는 정신의료기관(정신병원·정신과의원), 요양병원, 의원, 치과의원 및 한의원에 주로 취직한다. 왜냐하면 이들 병원 이외의 병원에서는 간호조무사를 의료인(간호사) 정원에 넣지 않아 간호조무사를 채용하더라도 의료인 정원 규정(병·의원에서 반드시 갖추어야 할 간호사 수)을 지키기 위해서 또다시 간호사를 채용해야 하는 이중 부담을 안아야 하기 때문이다. 또한 병원의 간호등급가산제가 간호사 수를 기준으로 실시되고 간호조무사 자격증 조무사 수는 계산에 넣지 않기 때문에 간호조무사가 큰 병원에 취업할 수 있는 기회는 더욱 줄어들었다고 할 수 있다.

간호조무사가 할 수 있는 직업

의료기관(주로 개인 병원) 간호사, 조산원 직원, 기능직 공무원(간호조무원), 산후조리원 직원, 산업체 의무실, 보건소, 보건진료소, 결핵관리요원, 모자보건요원, 보육시설 직원

간호사가 할 수 있는 직업

의료기관(주로 종합병원) 간호사, 간호직 공무원, 보건교사, 연구소 연구원, 119 구조대원, 간호장교, 보육교사, 조산사, 보험회사 언더라이터, 보험심사 간호사, 전문 간호사, 정신보건전문요원, 건강 관련 상담원, 산후조리원 운영자, 보육시설 운영자, 산업체 보건관리자, 영양조사원 또는 영양지도원, 연구간호사, 공중보건 연구직 공무원(가산점), 근로복지공단 직원, 정신요양시설 간호사, 정신보건센터 간호사, 노인보호 전문기관 직원, 아동복지시설 직원, 산업체 의무실, 보건소, 보건진료소, 결핵관리요원, 모자보건요원, 보육시설 직원.

1 병원 종류에 따라 채용해야 하는 간호사 정원과 간호조무사

- **의료법 시행규칙 별표 5 (간호사 정원)**

    1. 종합병원, 병원, 치과병원, 의원, 치과의원 : 연평균 1일 입원 환자를 2.5명으로 나눈 수(이 경우 소수점은 올림). 외래 환자 12명은 입원 환자 1명으로 환산함.

    2. 한방병원, 한의원 : 연평균 1일 입원 환자를 5명으로 나눈 수(이 경우 소수점은 올림). 외래 환자 12명은 입원 환자 1명으로 환산함.

    3. 요양병원 : 연평균 1일 입원 환자 6명마다 1명을 기준으로 함(다만, 간호조무사는 간호사 정원의 3분의 2 범위 내에서 둘 수 있음)

외래 환자 12명은 입원 환자 1명으로 환산함.

■ **간호조무사 정원에 관한 고시 (보사부 고시 제90-26호)**
의료법 시행규칙의 의료기관에 두는 의료인 등의 정원 중
간호사의 정원을 간호조무사로 충당할 수 있는 대상 및 범
위는 다음과 같다.
1. 입원 환자 5인 이상 수용하는 의원, 치과의원 및 한의원에
   있어서는 간호사 정원의 100분의 50 이내.
2. 입원 환자 5인 미만 또는 외래 환자만을 치료하는 의원,
   치과의원 및 한의원에 있어서는 간호사 정원의 100분의
   100 이내.

■ **정신병원과 병원급 이상의 의료기관에 설치된 정신과 및 정신과
의원의 간호사 정원과 간호조무사 (정신보건법 시행규칙 별표 3)**
"입원 환자 13인당 1인을 두되, 그 단수에는 1인을 추가한
다. 이 경우 간호사 정원의 2분의 1의 범위 안에서 간호조무
사를 간호사로 갈음할 수 있다. 다만, 정신과의원에서는 입
원 환자가 5명 미만이거나 외래 환자만을 진료하는 경우에
는 간호사를 간호조무사로 대체할 수 있다."

의료기관별 간호조무사 취업자 수 (2017년 12월 현재 총 취업자 수 169,825명)

(단위:명)

의료기관 종류	종합병원	병원	의원	조산원	보건기관
간호조무사 수	11,997	30,196	70,774	12	1,895

〈자료 : 2018 보건복지통계연보, 보건복지부, 2018〉

2 간호사와 간호조무사 취업 의료기관 비교 (2017년 12월 기준)

- 전체 취업 간호사 18만 5,853명 중 86%가 병원급 이상의 큰 병원(종합전문요양기관, 종합병원, 병원, 요양병원, 치과병원, 보건의료원, 한방병원)에 취업.

- 전체 취업 간호조무사 16만 9,825명 중 63%가 의원급 병원(의원, 치과의원, 한의원, 보건지소, 보건진료소)에 취업.

간호사와 간호조무사 취업 의료기관

(단위:명)

구분	종합전문 요양기관	종합병원	병원	요양병원	의원	치과병원	치과의원
간호사	24,993	38,112	33,834	19,405	14,274	118	427
간호조무사	3,565	11,977	30,196	18,921	70,774	319	17,794

구분	조산원	보건 의료원	보건소	보건지소	보건 진료소	한방병원	한의원
간호사	1	217	4,135	894	2,531	1,587	1,004
간호조무사	12	94	764	1,028	9	1,897	16,232

받는 급여가 다르다

간호사와 간호조무사의 월급은 취직하는 직장과 직업에 따라 많이 다르다. 같은 간호사라도 월급이 두 배 이상 차이 나기도 한다. 그래서 공무원처럼 "간호사의 월급은 얼마이고 간호조무사의 월급은 얼마이다"라고 획일적으로 말할 수 없다.

여기에서는 병원에 취직한 간호사를 예로 들어 간호사와 간호조무사의 월급을 비교해 보기로 한다.

일반적으로 간호사나 간호조무사에 공통으로 적용되는 사항은 큰 병원에서 주는 월급이 작은 병원에서 주는 것보다 많고, 지방 병원보다는 서울에 있는 병원의 보수가 많다는 것이다. 그리고 같은 병원에 근무한다고 해도 야간 근무를 많이 하는 사람의 월급이 더 많다.

보통 구체적으로 월급을 얼마 받는가는 취직할 때 협의하여 정하지만, 큰 병원인 경우 자체 규정으로 정해 놓기도 한다.

결국 간호사나 간호조무사의 월급은 병원마다 다르다고 할 수 있다. 하지만 동일한 병원에 취직했을 경우, 일반적으로 간호사가 간호조무사에 비하여 월급을 많이 받는다. 이러한 이유로 재정이 열악한 병원에서는 월급을 많이 주어야 하는 간호사보다는 월급을 적게 주어도 되는 간호조무사를 많이 채용하는 경향이 있다.

그렇다고 무조건 월급이 적은 간호조무사만 채용할 수는 없다. 왜냐하면 의료법 시행규칙에 따라 의원, 치과의원, 한의원 등을 제외한 종합병원, 병원, 치과병원, 한방병원 및 요양병원은 일정 수의 간호사를 채용해야 하기 때문이다.

간호사와 간호조무사의 초임 월급

간호사의 초임 월급 : 180만 ~ 350만 원(보통 230만 원 정도)
간호조무사의 초임 월급 : 120만 ~ 180만 원(보통 150만 원 정도)

현실적으로 간호조무사 자격증을 취득한 사람은 61만 9,322명으로 간호사 면허증을 취득한 33만 8,629명보다 많다. 2017년 기준으로 볼 때 의료기관에서 일하는 간호조무사도 16만 9,825명으로 간호사와 거의 같은 수준이다(간호사는 18만 5,853명). 특히 의원급 병원을 살펴보면 일반 간호사는 1만 4,274명인 데 비하여 간호조무사는 7만 774명으로 절대다수를 차지하고 있다.

이는 오늘날 우리 의료계 현실에서 간호조무사가 차지하는 비중이 결코 가볍지 않음을 보여준다. 그리고 사실 외래환자를 주로 진료하는 의원급 병원의 간호 업무를 수행하는 데 있어 간호사와 간호조무사 사이에 별다른 구분이 없는 것이 사실이다.

하지만 간호 인력에 대한 정부의 기준(의료기관의 의료인 정원과 간호등급가산제)이 간호사 중심으로 만들어져 상대적으로 간호조무사들의 불만의 원인이 되고 있다.

이에 정부는 2018년부터 간호조무사 제도를 폐지하여 간호사로 단일화하고 대신 '간호사, 1급 실무 간호인력, 2급 실무 간호인력' 등 3단계로 구분하여 시행한다는 방침을 발표했다. 하지만 이는 근본적인 해결책이 아니어서 간호사와 간호조무사 양쪽으로부터 반발을 사고 있어 그 시행 결과가 주목된다.

3

간호사의 종류

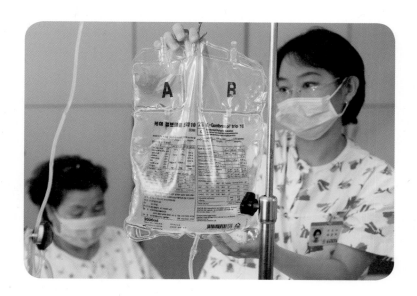

대학에서 간호학과를 졸업하고 국가에서 시행하는 간호사 면허시험에 합격하면 일반 간호사가 된다. 이때 3년제 전문대학을 나오나 4년제 일반대학을 나오나 간호사 시험 자격에는 차이가 없으며, 면허 취득 후 똑같이 일반 간호사로 인정된다. 다만 보수에서 약간의 차이가 있을 수 있다.

오늘날 대다수의 간호사는 일반 간호사이지만 본인의 생각에 따라 병원이나 다른 기관에서 일정한 경력을 쌓고 지정된 교육 기관에서 일정 기간 교육을 받으면 자동으로, 또는 자격시험을 거쳐 특수 간호사 또는 전문 간호사가 될 수 있다.

일반 간호사

일반 간호사는 특별한 전문 분야가 없으며 채용되는 병원이나 발령 나는 부서에 따라 하는 일이 달라진다. 여러 진료 부서가 있는 종합병원의 경우, 간호사들이 부서를 바꾸어 가면서 일을 하기 때문에 다양한 분야의 간호 경험을 쌓을 수 있고, 그 과정에서 자기에게 맞는 전문 간호 분야를 찾을 수 있다.

하지만 의원급 병원에서는 아무래도 그러한 기회와 가능성이 상대적으로 줄어들 수밖에 없다. 앞으로 간호 기술이 발달하면 할수록 전문 간호사에 대한 수요가 많아질 것이기 때문에 자신의 전문 분야를 개발하는 것은 중요한 일이라고 하겠다.

특수 간호사

현재 우리나라에서 특수 간호사라는 말은 일반적으로 사용하지 않으며, 그 범주도 정해져 있지 않다. 다만, 여기서는 독자들의 이해를 돕기 위하여 편의상 붙였음을 말해 둔다.

특수 간호사는 일반적으로 병원 밖에서 일하거나 병원에서 일하더라도 일반 간호 지식 이외의 전문 지식이나 기술이 필요한 분야에서 활동하는 간호사를 말한다.

따라서 해당 분야의 간호 업무에 대하여 별도로 추가 교육을 받아야 한다. 이들은 교육을 받은 후 별도의 시험 없이 자격이 인정되는 경우도 있지만, 자격시험을 통과해야 하는 경우도 있다.

1 치매 간호사(민간 자격)

■ 하는 일

주로 노인복지시설이나 치매센터 등에 근무하면서 치매 환자를 돌보며, 다음과 같은 일을 한다.

치매 환자의 신체 기능 · 행동 · 환경 · 심리 상태 등에 대한 관찰과 조사, 뇌졸중 예방과 치료, 치매 간호 기록, 치매 간호 계획, 치매 치료 기법 및 보완 기법 적용, 정신행동 증상 관리, 일상생활 간호, 치매 환자를 위한 미술 · 음악 · 원예 · 오락 · 운동 요법 적용 · 관리, 치매 환자 투약 관리, 응급 간호,

말기 치매 간호, 치매 간호 기록, 치매 환자 가족 간호 등의
일을 한다.

- **응시 자격**

  간호사로서 대한간호협회가 시행하는 치매 간호사 교육과
  정을 수료한 자.

- **시험 과목**

  필기 1과목(객관식 5지선다), 60% 이상 득점시 합격.

- **시험 내용**

  치매 환자 이해, 치매 환자 평가, 치매의 진단과 치료, 치매
  간호 진단과 계획, 치매 간호 기술, 치매 가족 간호.

2 보험심사 간호사(민간 자격)

- **하는 일**

  근로복지공단, 보험회사, 종합병원 등에 근무하며 다음과 같
  은 일을 한다.

  진료 내역 확인(입원 사유, 약제 및 진료 재료 사용), 보험 급여 여부
  확인, 진료비 확정(본인 부담률, 퇴원 진료비), 이의신청 대상 진
  료비 조사 및 회신 처리, 심사청구 대상 조사 및 청구서 작
  성, 미수금 관리하기, 소송 사건 조사 및 법무팀과의 협력,
  원외 처방 약제비 심사 결과 통보서 및 정산 내역서 확인,
  진료비 내역 분석, 진료 타당성 확인, 보험 적용 여부 검토,

입원 진료비 모니터링 결과 분석, 보험정책 자료 수집 및 분석 등.

- **응시 자격**

  간호사로서 보험심사간호사회가 주관하는 보험심사간호사 전문과정을 수료한 자, 또는 적십자간호대학가 주관하는 보험심사 간호사 전문과정을 수료한 자.

- **시험 과목**

  필기 1과목(객관식 5지선다), 60% 이상 득점시 합격.

- **시험 내용**

  진료비 심사 · 청구 관리, 의료 및 보험 관련 법령, 의료 정책 및 제도, 관리 및 평가, 통계 분석 및 관리, 수가 관리 및 신고 업무, 리더십과 원무 관리.

3 재해 간호사(민간 자격)

- **하는 일**

  국가적 재해가 발생하였을 때 신속하고 효과적인 구호 간호를 하는 간호사로서 다음과 같은 일을 한다. 재해 단계별(예방 · 대응 · 완화 · 복구) 간호, 재해 심리 간호, 특수 재해 간호, 국제구호 간호, 전시대비 대량 전상자 처리, 각종 화학물질 노출 사고 대처, 테러 상황 대처, 지진이나 쓰나미 등 국제 재난 상황 지원, 해외 파병 및 각종 국가 재난시 의무 지원 등.

- **응시 자격**

  간호사로서 국군간호사관학교에서 실시하는 '재해간호사 민간자격 교육과정'을 수료한 자(2008년 제1회 교육과정 실시 : 이론 64시간, 실습 32시간).

- **시험 과목 및 내용**

  한국간호교육평가원에서 주관함.

4 정신보건 간호사(국가 자격)

- **하는 일**

  정신질환자를 간호하는 간호사로 주로 정신병원, 사회복귀시설, 정신보건센터, 보건소 등에 근무하면서 다음과 같은 일을 한다.

  사회복귀시설의 운영, 정신질환자의 사회 복귀 촉진을 위한

정신보건법 시행령 별표 2 : 전문요원 자격 기준

1급 정신보건 간호사

① '의료법'에 따른 간호사 면허를 취득하고, '고등교육법'에 따른 대학원에서 간호학을 전공한 석사학위 이상 소지자로서 보건복지부 장관이 지정한 전문요원 수련기관에서 3년 이상 수련을 마친 자.

② 2급 정신보건 간호사 자격 취득 후 정신보건시설, 보건소 또는 국가나 지방자치단체로부터 지역사회 정신보건사업을 위탁받은 기관이나 단체에서 5년 이상 정신보건 분야의 임상 실무 경험이 있는 자.

③ 2급 정신보건 간호사 자격 소지자로서 간호대학에서 5년 이상 정신간호 분야의 조교수 이상의 직에 있거나 있었던 자(자격 취득 이전의 경력을 포함한다).

2급 정신보건 간호사

① '의료법'에 따른 간호사 면허를 가진 자로서 보건복지부 장관이 지정한 전문요원 수련기관에서 1년 이상 수련을 마친 자.

② '의료법'에 따른 정신보건전문 간호사 자격이 있는 자.

 ＊외국에서 전문요원과 유사한 교육 · 수련을 받거나 전문요원과 유사한 자격을 취득한 자는 보건복지부 장관이 정하는 바에 의하여 전문요원과 동등한 자격을 인정받을 수 있다.

생활 훈련 및 작업 훈련, 정신질환자와 그 가족에 대한 교육 · 지도 및 상담, 법 정신질환 진단 및 보호의 신청, 정신질환 예방 활동 및 정신보건에 관한 조사 · 연구, 그 밖의 정신질환자의 사회 적응 및 직업 재활을 위하여 보건복지부 장관

이 정하는 활동, 정신질환자의 병력에 대한 자료 수집, 병세
에 대한 판단·분류 및 그에 따른 환자 관리 활동, 정신질환
자에 대한 간호 등.

- **정신보건 간호사 현황**
  1급(1,518명), 2급(6,143명).
- **정신보건 간호사 수련 기관**
  33개소, 연간 443명 배출.

5 법의 간호사

성폭력, 가정폭력, 아동 및 노인 학대, 사망 사건 같은 범죄나
사고와 관련한 수사 과정에 참여하여 법의학적 증거와 증언을 수
집하고 피해자 상담과 치료를 하는 간호사이다. 선진국에서는 활
동이 활발하지만 우리나라에서는 아직 제도화되어 있지 않다. 경
북대학교 수사과학대학원 법의간호학과에서만 소수의 전문 인력
을 교육하고 있는 실정이다. 하지만 법의 간호사에 대한 수요는 계
속 늘어날 전망이어서 이들의 활동 역시 활성화될 것으로 보인다.

- **하는 일**
  폭력 상황에 대한 진술 확보 및 신체검사를 통한 확인, 상처
  촬영 등의 법의학적 증거 수집, 피해자에 대한 심리검사·면
  담 및 신체검사 등을 바탕으로 법원에 제출할 의견서 작성,

불량 청소년 선도, 의료 관련 법률 문제 상담, 검시 업무, 가정폭력 상담, 마약·매춘 관리, 폭력 피해자 간호, 노인 건강 관리 상담, 피해자 유족 상담 관리, 자살 미수자 보호 관리, 범죄 피해자 및 사고 피해자의 의료에 관한 법률 상담, 성폭력 피해자 및 아동 학대 피해자에 대한 법의학적 검사 등.

- ■ **교육기관**

  경북대학교 수사과학대학원 법의간호학 전공

- ■ **입학 자격**

  간호(조무)사, 응급구조사, 의료기사(임상병리사·방사선사·물리치료사·작업치료사·치과기공사·치과위생사), 의무기록사 자격증 소지자로 현직에 종사하며 자격증 취득 후 관련 기관 재직 기간이 7년 이상인 자. 국내외 대학에서 학사학위를 취득한 자 또는 법령에 의하여 이와 동등 이상의 학력이 있다고 인정되는 자.

이밖에도 피부재활간호사, 항공간호사 등과 같은 특수 간호사가 있다.

전문 간호사

한국간호평가원의 정의에 따르면 전문 간호사는 보건복지

부 장관이 인증하는 전문 간호사 자격을 가진 자로서, 해당 분야에 대한 높은 수준의 지식과 기술을 가지고 자율적으로 의료기관 및 지역사회 내에서 간호 대상자(개인·가족·지역사회)에게 상급 수준의 전문가적 간호를 제공하는 자를 말한다. 즉, 특정 간호 분야에 대한 전문적 지식과 기술을 가지고 수준 높은 간호 서비스를 제공할 수 있는 능력을 가진 간호사라고 하겠다.

이러한 전문 간호사가 되기 위해서는 대학 간호학과를 졸업한 후 일정 기간 이상 간호사로서의 경력을 쌓은 뒤, 특정 교육기관에서 해당 전문 분야의 전문 간호 교육을 받고 전문 간호사 자격시험에 합격해야 한다.

이처럼 전문 간호사는 하고 싶다고 아무나 할 수 있는 것이 아니다. 그리고 모든 간호 분야에 다 있는 것도 아니다. 전문 간호사는 특별히 수준 높은 지식이나 기술이 필요한 의료 분야에서만 인정된다. 현재 13개 분야의 전문 간호사가 법적으로 인정받고 있다. 일부 종합병원에서 자기들 나름대로 간호 영역에 따라 OO전문 간호사라는 명칭을 사용하고 있으나 이는 해당 병원에서만 통용될 뿐 전문 간호사로 공인되지 않는다.

1 전문 간호사의 종류(13가지)

보건, 마취, 정신, 가정, 감염관리, 산업, 응급, 노인, 중환자, 호스피스, 종양, 임상, 아동.

전문 간호사 자격증 취득자

2005년 전문 간호사 자격시험이 시행되기 전에 취득한 전문 간호사 8,164명을 포함하여 2016년까지 총 1만 4,682명의 전문 간호사가 분야별로 배출되었다.

2016년도까지 분야별 전문 간호사 현황

(단위:명)

구분	정신	마취	보건	가정	감염관리	노인	산업
인원	536	634	2,052	6,468	310	2,102	136

구분	응급	중환자	호스피스	종양	아동	임상	합계
인원	277	625	477	753	83	229	14,682

2019년 전문 간호사 교육기관 현황

(단위:개,명)

구분	정신	마취	보건	가정	감염관리	노인	산업
학교수	9	1	0	5	6	25	1
정원	52	8	0	37	60	210	10

구분	응급	중환자	호스피스	종양	아동	임상	합계
학교수	4	7	10	10	1	5	84
정원	26	50	75	84	10	50	672

〈자료 : 한국간호교육평가원〉

4 간호사 직급과 승진 소요 기간

　　작은 규모의 개인 병원에서는 그렇지 않지만 규모가 큰 종합 병원에서는 간호사들 사이에 직급이 있으며, 직급에 따라 하는 일도 달라진다. 그런데 간호사의 직급은 일률적으로 정해져 있지는 않다. 병원에 따라 조금씩 다르기는 하지만 대체로 간호사, 책임 또는 주임 간호사, 그리고 수간호사로 구분된다.

　　일반적으로 간호사가 가장 낮은 급이고 그다음이 책임 간호사, 수간호사 순으로 높아진다. 하지만 병원에 따라서 수간호사 대신 간호과장이라는 직책을 두는 곳도 있고, 또는 수간호사가 없고 책임 간호사만 있는 곳도 있다. 물론 수간호사만 있고 책임 간호사 제도가 없는 병원도 있다. 또 어떤 병원은 책임 간호사를 주임 간호사라고 부르기도 하고, 또 어떤 병원에서는 책임 간호사 밑에 주임 간호사 제도를 별도로 두어 책임 간호사 승진 시험에 불합격한 간호사에게 주임 간호사라는 호칭을 붙이는 곳도 있다.

하지만 큰 종합병원의 경우에는 대체로 간호사-책임 간호사-수간호사 서열 순으로 승진하는 것이 일반적이다. 승진에 필요한 경력 기간도 병원마다 다르며, 승진하는 방법 역시 병원마다 다르다. 어떤 병원에서는 일정한 자격을 갖추게 되면 모두 승진 시험을 치르게 하여 합격하는 사람은 승진시킨다. 이 경우 근무 기간에 상관없이 시험 성적에 따라 승진하기 때문에 경력이 짧아도 승진할 수 있고, 반대로 근무 경력이 많아도 승진하지 못하기도 한다. 그런가 하면 어떤 병원에서는 승진 시험 대신에 근무한 기간과 근무 성적을 평가한 점수로 승진시키는데, 이 경우 통상 근무 기간이 긴 사람이 먼저 승진하게 된다.

이처럼 승진에 소요되는 기간이나 방법은 병원마다 다르지만 간호사의 직급에 따라 주어지는 업무나 권한은 거의 비슷하다.

간호사

일반 간호사, 평간호사 혹은 액팅 간호사라고 불리는 간호사로, 간호대학을 졸업한 후 간호사로 처음 일할 때 주어지는 급수이다. 이들은 병원에서 환자를 직접 돌보고 간호하며 의사들의 진료

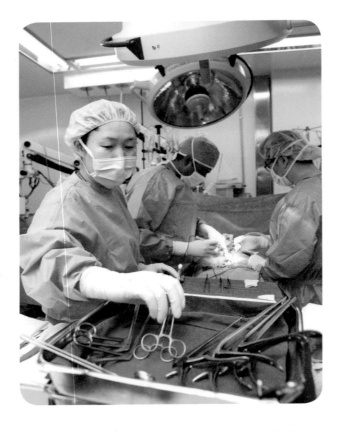

행위를 직접 돕는다. 응급실, 수술실, 소아과, 순환기내과, 정신과, 피부과, 성형외과, 산부인과, 비뇨기과, 안과 등과 같은 진료과나 신생아실, 중환자실, 분만실 등이나 입원 환자 병동 등에 배치되어 환자를 간호하거나 의사들이 환자를 진찰하고 치료하는 일을 돕는다.

　　간호사들은 주로 20대로 과거에는 전문대학 졸업자들이 많았지만 요즈음은 전문대 졸업자나 일반대 졸업자 숫자가 거의 비슷하다. 하지만 아직까지 전체 일반 간호사들의 학력을 보면 전문대 졸업자가 조금 많은 편이다.

이들 일반 간호사는 병원에서 임의로 배치하는 부서에 소속되어 일하는데 간호사 수가 부족한 부서에 우선적으로 배치한다. 그러다 보니 자기 적성에 맞지 않는 부서에서 근무하는 경우가 생겨 심각한 업무 스트레스를 받기도 한다. 그래서 요즈음은 되도록 간호사들이 근무하기를 희망하는 부서에 배치해 주려고 한다.

하지만 간호사들은 한번 배치된 곳에 영원히 근무하는 것이 아니고 부서를 돌아가면서 근무하는 순환근무제를 실시하고 있어 자기가 좋아하는 부서에서만 일할 수는 없다. 이 경우에도 다음에 근무하고 싶은 희망 부서를 몇 군데 적어 내게 하여 이를 인사에 반영한다.

일반적으로 간호사가 되기 이전 간호대학 학생 시절에 병원 등에서 간호 실습을 일정 기간 한다. 하지만 막상 졸업하고 병원에 간호사로 취직했을 때에는 모든 것이 서툴고 잘 적응되지 않는 경우가 생기게 마련이다. 그래서 일반 간호사로 처음 취직되었을 때는 프리셉터가 1:1로 한두 달 동안 함께하며 병원 업무를 일일이 가르쳐 준다. 하지만 적어도 1년 이상이 지나야 간호사로서 할 일을 제대로 할 수 있다고 한다. 그래서 프리셉터 제도가 없는 병원이나 의원에서는 적어도 1년 이상 경력이 있는 간호사를 채용하려고 한다.

이렇게 시작하는 일반 간호사의 생활을 4~5년 하게 되면 병원 내의 근무조장격인 책임 간호사로 승진할 수 있는 자격을 준다.

책임(주임) 간호사

병원에 따라 책임 간호사라고 부르기도 하고 주임 간호사라고 부르기도 하는데, 보통 임상 경력(병원에서 환자의 간호 및 진료 보조 활동을 한 경력)이 4~5년 되는 간호사 중에서 승진 시험을 통하여 선발한다. 물론 시험 없이 승진하는 경우도 있지만, 이 경우에는 보통 시간이 좀 더 걸린다고 봐야 한다.

연령은 일반적으로 30대가 보통이고 학력은 전문대학 졸업 또는 일반 대학 졸업자인데, 업무 수행에는 별다른 차이가 없다.

책임 간호사는 일반 간호사처럼 환자 간호 업무에만 전념한다는 점에서 행정 업무에도 관여하는 수간호사와는 다르다. 책임 간호사는 돌아가면서 근무하는 각 근무조의 팀장으로서 일반 간호사와 수간호사 중간에 위치한다. 자기 근무조 간호사들을 효율적으로 지휘하여 환자를 간호 관리하고 병실의 물품을 관리하며 쾌적한 환경을 유지하는 책임을 갖는다.

책임 간호사가 되면 직책에 따르는 수당을 받게 되지만, 하는 일은 일반 간호사와 마찬가지로 환자 간호 및 진료 보조를 한다. 단지 간호사들이 일하는 가운데 문제가 발생하면 이를 해결해야 하는 책임과 권한이 주어지기 때문에 현장에서 즉시 소속 간호사들의 업무를 통제하고 조정하여 일을 원만하게 해결해 나가야 한다.

책임 간호사들은 대개 4~5년 이상 병원에 근무한 경력이 있기 때문에 병원 일을 누구보다도 효율적으로 수행할 수 있다. 그래서 월급 역시 일반 간호사들보다는 많아 책임 간호사가 되면 대개 연봉 3,000~4,000만 원 정도를 받는다.

1 책임 간호사가 주로 하는 일

- 전 근무자로부터 환자에 대한 관리 업무를 인계받고 함께 응급센터를 순회하면서 환자의 상태와 간호 현황을 파악한다.
- 당일 업무를 파악하고 각 파트별 업무량에 따라 간호사들의 업무를 조정하고 지휘한다.
- 응급실을 비롯하여 담당 구역을 순회하며 환자들의 어려운 점이나 문제점을 해결해 준다.
- 임상병리실·방사선실 등에 보낼 검사들을 확인하여 빨리 보내도록 하고 검사 결과를 확인하여 신속한 응급처치 및 효율적인 환자 치료가 되도록 한다.
- 환자에 대한 의무기록지를 확인하고 환자의 상태와 관련한 정확한 활력 증상과 간호 관리 및 처치에 대해 기록한다.

- 환자에게 사용한 의료 소모품, 약품, 처치 처방전을 정확히 작성하여 수납하도록 한다.
- 환자 퇴원시 퇴원 절차, 약물 복용법, 외래 통원 치료, 퇴원 후 주의사항 등에 대해 교육한다.

수간호사 (진료 단위나 병동별로 간호사를 지휘하는 총책임자)

수간호사는 간호 현장에서 일하는 간호사들을 직접 관리하는 최일선 간호관리자로, 실제 간호 업무와 간호 행정을 중간에서 연결하는 중요한 위치에 있다. 즉 수간호사는 의사나 상급자의 지시에 따라 병동이나 업무 단위 내의 모든 간호 인력을 지휘하여 환자 간호 활동을 수행하고, 그 과정에서 발생하는 여러 가지 문제를 원만히 조정하여 효율적인 간호 활동을 유도하는 한편, 간호 인력에 대한 평가와 관리를 하는 책임과 권한을 가진 간호 업무의 총책임자라고 할 수 있다.

따라서 수간호사의 리더십과 능력에 따라 병원이 제공하는 실질적 간호 서비스의 질이 결정되기 때문에 간호 업무에서 수간호사의 역할은 매우 중요하다고 하겠다. 특히 오늘날 병원 관리 경향이 중앙 통제 방식보다는 간호 단위로 바뀌면서 간호 단위의 최고 우두머리인 수간호사의 중요성은 더 커졌다고 할 수 있다.

수간호사 위로는 보통 간호팀장, 간호과장 또는 간호부장 등이 있다. 이들은 환자를 직접 간호하지는 않고 간호 활동과 관련된 행정 업무만 처리한다. 그래서 실제 간호 활동에 종사하는 간호사 중에서는 수간호사의 직급이 가장 높다. 이러한 의미에서 간호계에서는 수간호사를 '간호사의 꽃'이라고 한다.

수간호사가 되려면 보통 10년 이상의 간호사 경력이 요구되지만, 병원 사정에 따라 더 빨리 될 수도 있고 더 늦게 될 수도 있다. 즉 어떤 병원에서는 간호사가 된 지 7년 만에 수간호사가 되지만, 어떤 병원에서는 15년 만에 수간호사가 되기도 한다. 수간호사의 평균 연령대는 40대이다.

그런데 수간호사가 되려면 보통 책임 간호사가 먼저 되어야 한다. 책임 간호사 중에서 수간호사로 승진하는 것이다.

수간호사로 승진하는 과정 역시 병원마다 다르다. 어떤 병원에서는 자격이 되는 책임 간호사를 대상으로 승진 시험을 실시하여 합격한 사람을 수간호사로 임명하지만, 어떤 병원에서는 근무한 햇수와 능력에 대한 평가를 통해 별도의 시험 없이 임명하기도 한다. 간혹 이 두 가지를 병행하는 병원도 있어 수간호사가 되는 과정은 한마디로 단정 지을 수 없다.

그러나 간호사 수가 많은 대학병원이나 큰 종합병원의 경우에는 대체로 승진 시험을 보고, 간호사 수가 적은 병원에서는 경력과 근무 성적을 보고 수간호사로 승진시키는 경우가 많다.

일반적으로 수간호사가 되는 데 필요한 자격은 일정 기간 이상의 간호사 경력과 간호사 면허증만 있으면 된다. 그 밖에 별도의 자격증이나 조건을 법 또는 규정으로 정해 놓은 바는 없다. 즉 3년제 전문대 간호과를 졸업하고 간호사가 되거나, 4년제 일반대 간호학과를 졸업하고 간호사가 되거나, 간호사 면허증과 간호사 경력만 있으면 된다는 말이다.

하지만 현실적으로 볼 때 대다수 수간호사는 4년제 학사학위를 가지고 있고, 나아가 대학원 석사학위 또는 그에 상당하는 학력을 가지고 있다. 이 때문에 3년제 전문대학을 졸업한 간호사들은 간호학사 학위를 얻기 위하여 4년제 대학교 간호학과에 편입하는 경우가 많다. 이 경우에는 대체로 2년을 더 공부하게 되는데, 힘든 간호사 생활을 하면서 또다시 대학에 다닌다는 것이 생각보다 쉬운 일은 아니다. 물론 한국방송통신대학교 간호학과에 편입하여 간호학사 학위를 받을 수도 있다.

병원 내의 진료 단위나 병동별로 임명되는 수간호사는 소속 간호사들의 간호 활동을 감독하고 간호사에게 업무지시를 한다. 그리고 간호사들의 3교대 근무 체계에서 벗어나 낮에만 근무하고 야간 근무는 하지 않는다. 뿐만 아니라 업무에서 약간의 자율성을 갖는다.

월급 역시 근무 경력에 따른 기본 보수 이외에 직책에 따른 수당을 추가로 더 받는데, 3년차 수간호사의 월급은 보통 연봉으로 치면 3,500~5,000만 원 정도이다. 그런데 월급 역시 병원마다 다르기 때문에 같은 경력의 수간호사라도 연봉이 2,000만 원이 안 되는 경우가 있는가 하면 5,000만 원이 넘는 경우도 있다.

1 수간호사가 주로 하는 일

- 환자와 간호사들의 욕구를 파악한다.
- 관련 부서와 환자에 대한 의견을 공유하고 교류한다.
- 간호 지식이나 기술적 도움이 필요할 때 효과적으로 대응한다.
- 간호사들의 스트레스 및 업무 방해 요인들을 예방하고 제거한다.
- 친밀한 병동 분위기를 유지한다.
- 상급의 지시를 이행하고 관리한다.
- 병동이나 간호부서의 기강을 확립하고 간호사들의 사기를 높인다.
- 간호사들의 업무 수행 결과를 평가한다.
- 간호사들의 의견을 듣고 정리하여 상급자에게 보고한다.
- 병동의 책임자로 회의에 참석하여 병동의 입장과 상황을 보고하는 한편, 병원의 규칙, 정책, 지시 사항 등을 간호사들에게 전달한다.
- 효과적인 간호 관리 계획을 수립하고 업무의 우선순위를 정한다.
- 간호사들을 효율적으로 활용하여 지속적이고 효과적인 환자 간호가 되도록 노력한다.
- 필요시 응급처치를 한다.

- 문제가 발생하였을 때 즉시 대처하고 상급자에게 보고한다.
- 관련 부서와의 업무를 조정하고 협조하며, 간호사들의 갈등을 해소한다.
- 간호사들에게 적절한 책임과 의무를 분담시킨다.
- 신규 및 경력 간호사들을 교육하고 지도한다.
- 병동 예산을 편성한다.
- 자발적 연구 및 자기 개발을 위한 학습을 한다.
- 간호 및 관리 업무를 기록한다.

5

간호사가 지켜야 할 의무

환자를 치유하려면 의사의 치료를 위한 의료 기술적 행위와 간호사의 간호 관리 행위가 적절하고도 유기적으로 이루어져야 한다. 이처럼 간호사는 전문 의료인으로서 의사 못지않게 환자의 치료에 중요한 역할을 하기 때문에 갖추어야 할 전문 간호 지식은 물론, 환자의 효율적인 치료를 위하여 지켜야 할 의무도 많다.

1 환자 관리 및 처치의 의무

환자나 환자 보호자에게 요양 방법이나 그 밖에 건강관리에 필요한 사항을 지도해야 한다.

② **주의 의무**

간호사는 의료 행위를 할 때 간호 지식을 바탕으로 보편적이고 일반적인 주의를 기울여 성심성의껏 간호 업무에 종사해야 한다.

③ **확인 의무**

간호사는 간호 행위의 주체자로서, 간호조무사 등의 간호 행위가 적절하고 정확하게 이루어지고 있는지 항상 지도 감독하고 확인해야 한다.

④ **비밀유지의 의무**

간호를 하면서 알게 된 다른 사람의 비밀을 누설하거나 발표하지 못한다.

⑤ **의료법규상의 의무**

- 태아 성(性) 감별을 목적으로 임부를 진찰하거나 검사해서는 안 되며, 같은 목적을 위한 다른 사람의 행위를 도와서도 안 된다.

- 임신 32주 이전에 태아 또는 임부를 진찰하거나 검사하면서 알게 된 태아의 성을 임부, 임부의 가족, 그 밖의 다른 사람이 알게 해서는 안 된다.

- 환자가 아닌 다른 사람에게 환자에 관한 기록을 열람하게 하거나 그 사본을 내주는 등 내용을 확인할 수 있게 해서는 안 된다.

- 최초로 면허를 받은 후부터 3년마다 그 실태와 취업 상황

등을 보건복지부 장관에게 신고하여야 한다.

6 설명 및 동의의 의무

환자에게 진찰 결과나 치료 방법, 투약 종류와 가능한 부작용 등에 대하여 설명해 주고 치료 행위에 대한 동의를 구한다.

7 부당한 경제적 이익 등의 취득 금지

간호사는 어떠한 경우이든지 의료 또는 간호 행위와 관련하여 부당한 이익을 취할 수 없다.

8 간호 행위에 관한 의무

- 간호사는 상병자(傷病者)나 해산부의 요양을 위한 간호 또는 진료 보조 및 대통령령으로 정하는 보건 활동에 임하여 정당한 이유 없이 업무를 거부해서는 안 된다.
- 간호사는 간호에 관련된 기록을 작성하고 보관한다.

6

남자 간호사

　간호사는 전통적으로 여성의 직업으로 여겨져 왔다. 하지만 사회생활에서 여성과 남성 사이의 성 역할 구분이 불분명해짐에 따라 최근 우리나라에서도 남자 간호사의 숫자가 계속 늘고 있다. 외국에서는 이미 17세기 초부터 남자 간호사를 교육시켜 배출하고 있었다. 간호사가 여성만의 직업이라고 생각하는 것은 아마도 나이팅게일의 영향 때문이 아니었을까 생각된다.

　하지만 나이팅게일의 정신은 이제 성 구분을 넘어 남자들에게까지 그 영향을 미쳐 남자 간호사의 증가는 한국뿐만 아니라 전 세계적인 추세가 되었다. 그래서 최근에는 남자 간호사를 뜻하는 '머스(Murse : Man + Nurse)'라는 단어까지 새로 생겨났다.

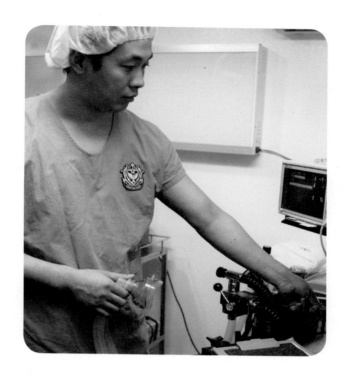

특히 의료 기술의 발달로 간호 기술이 전문화되면서 간호사는 안정성과 전문성을 동시에 가진 직업으로 여겨지고 있다. 게다가 간호사 인력에 대한 수요가 갈수록 많아져 다른 직장에 비하여 상대적으로 취업이 쉬운 편이어서 취업을 염두에 둔 많은 젊은 남자들이 간호사라는 직업에 호감을 가지고 있다.

뿐만 아니라 남자 간호사가 늘어나면서 간호계 내에 남자 간호사의 역할이 자리를 잡아 가고 있는 것도 남자 간호사 증가 속도를 더욱 높이는 요인이 되고 있다.

남자 간호사의 역할

남자 간호사는 여자 간호사에 비하여 추진력이 있고, 신체적으로 강하며, 대담하고 응급상황 대처 능력이 뛰어나기 때문에 여자 간호사의 부족한 면을 보완할 수 있다는 장점이 있다. 그래서 남자 간호사가 간호 업무에서 제자리를 잡게 되면 남성과 여성의 성적 차이에서 오는 간호상의 일반적 문제점을 극복하여 보다 효율적이고 질 높은 간호 서비스를 제공할 수 있을 것으로 보인다.

그러나 아직까지는 절대다수인 여자 간호사들 사이에서 소수로서의 불리한 점을 극복하지 못하고 있다. 근무지 역시 주로 남자의 특성을 활용할 수 있는 정신과 · 마취과 · 수술실 · 응급실 · 중환자실 · 인공신장실 등으로 여자 간호사에 비해 선택의 폭이 넓지 못하다.

하지만 예전에 비하여 남자 간호사와 여자 간호사 업무 사이에 놓인 장벽이 점점 허물어져 가고 있어 머지않아 서로 동등한 근무 환경에서 일하게 될 것으로 보인다.

남자 간호사들의 긍정적인 역할은 다음과 같다.

- 간호사의 일반적 직무를 수행한다.
- 여자 간호사의 취약점을 보완할 수 있다(예를 들면 여자 간호사를 얕잡아 보는 환자들의 태도가 남자 간호사가 있으면 달라진다).
- 병원 사회 내에서 남성 위주의 의사들과 여성 위주의 간호

사들 사이에 갈등이 생겼을 경우 중간에서 조정하는 역할을
할 수 있다.

- 간호사에 대한 신뢰감을 높일 수 있다.

남자 간호사의 어려움

비록 남자 간호사 수가 계속 늘어나고는 있지만, 현실적으로
여성이 절대다수를 차지하고 있는 간호사 사회에서 남자 간호사들
이 겪는 어려움 또한 많다고 할 수 있다. 특히 남자라는 점 때문에
병원에서 간호 업무 말고도 기계 고치기, 무거운 짐 나르기와 같은
허드렛일에 동원되는가 하면, 성 역할에 대한 고정관념 때문에 사
람들이 이상한 시선으로 쳐다보기도 한다.

하지만 외국의 경우를 보면 이러한 문제들은 과도기적 현상
들로 세월이 지나면 자연스럽게 해결될 수 있을 것이다.

남자 간호사들이 현장에서 겪는 현실적인 어려움으로는 다
음과 같은 것들이 있다.

- 다수의 여자 간호사들 사이에서 고립감과 외로움을 느낀다.
- 소수이다 보니 승진 문제 등에서 불리하다.
- 남자 간호사를 위한 휴식 공간이나 탈의실이 따로 없다.
- 성적 고정관념에서 오는 주위 사람들의 편견이 부담스럽다.

- 간호사이기 때문에 같은 남성으로서 의사와 비교되는 열등감이 있다.
- 늘어나는 인원수에 비하여 상위직 남자 간호사가 상대적으로 적다.

이러한 이유들로 인하여 남자 간호사들이 간호사를 평생직장으로 생각지 않는 경향이 있다. 실제로 상당수가 병원이나 의료계와 관계 있는 사업 쪽으로 방향을 돌리고 있는 것이 현실이다.

하지만 다수의 남자 간호사들은 자신의 직업에 긍지를 가지고 일하고 있으며, 여자 간호사보다 더 정열적으로 일한다.

남자 간호사 현황

지난 2000년 미국의 간호사 270만 명 중에서 남자 간호사는 14만 6,902명이었다. 이에 비해 우리나라는 아주 적어서 2000년 460명, 2006년 1,324명에서 2012년 현재 5,125명이다. 그래도 2000년에 460명이었던 것을 생각해 보면 급격한 증가라 할 수 있다.

2012년 우리나라 전체 간호사 29만 5,773명 중 남자 간호사는 1.73%에 불과하지만, 최근 간호사를 전문 직업인으로 생각하면서 빠른 속도로 증가하고 있다. 특히 예비 간호사라고 할 수 있는 간호대학 학생들을 살펴보면 남학생 숫자가 빠른 속도로 늘어나고 있다. 이는 앞으로 우리나라 간호 현장에 보다 많은 남자 간호사가 등장할 것임을 예고한다 하겠다.

우리나라 최초의 남자 간호사

1962년까지 실질적으로 간호사 역할을 한 남자들은 몇 명 있었지만, 법 규정상 남자 간호사 제도가 없어서 정식 간호사로 인정받지는 못하였다.
우리나라에서 남자에게 간호사 면허증을 주기 시작한 것은 1962년부터이다. 최초의 남자 간호사는 조상문 씨로, 훗날 서울위생병원 간호전문학교장을 지냈다.

대학과 전문대학의 간호학과 재학 남학생 수

(단위:명)

연도	1990	1996	2000	2005	2010	2012	2018
인원	10	87	462	1,511	6,684	9,841	21,330

〈자료 : 2018 교육통계연보, 교육부〉

간호사 면허 시험 합격자 성별 현황과 남자의 비율

(단위:명.%)

연도	2004	2006	2008	2010	2012
남성	121	219	449	642	959
여성	10,710	10,276	10,884	11,210	11,881
합계	10,831	10,495	11,333	11,862	12,840
남성 비율	1.1	2.1	4.0	6.4	7.5

〈자료 : 한국보건의료인 국가시험원〉

7   간호사의 업무와 급여

간호사의 근무 시간과 생활

입원 환자가 없이 주로 외래 환자만 진료하는 의원급 병원에서는 일반적으로 병원 진료 시간 30분 전에 출근하여 병원 진료가 마감되면 퇴근하며, 평일과 주말 근무 시간이 다르다. 그런데 일반 의원 중에는 간혹 일요일이나 공휴일에도 근무하는 경우도 있다.

이들 간호사는 주로 의사가 환자들을 진료하는 것을 도와주고, 병원의 물품이나 의료기구들을 소독하고 관리한다. 야간 근무가 없고 종합병원보다 업무량이 많지 않기 때문에 다른 사회생활을 하는 데 별다른 지장이 없어 보수는 적어도 일반 의원급 병원에서 일하는 간호사들이 많다. 하지만 간호사의 전문성을 살릴 수 있는 기회는 상대적으로 적다고 할 수 있다.

종합병원에서는 크게 외래 진료 파트와 병동 파트에서 일하는 간호사로 나눌 수 있다. 외래 파트는 찾아오는 환자를 진료하는 부서이고, 병동 파트는 입원 환자들을 돌보는 부서이다. 그래서 같은 병원에 근무한다고 하더라도 외래 파트에서 일하느냐, 병동 파트에서 일하느냐에 따라 근무 시간이나 근무 형태가 완전히 다르다고 할 수 있다.

　　외래 파트의 간호사들은 일반 직장인들처럼 오전 8시쯤 출근하고 오후 6시쯤 퇴근하며, 진료가 없는 휴일이나 공휴일에는 쉰다. 그러나 병동 파트의 간호사들은 휴일이나 공휴일도 없이 24시간 1주일 내내 한 달 단위로 3교대 근무한다. 흔히 종합병원의 간호사 생활이 힘들다고 하는 것은 이 병동 파트의 간호사들을 두고 하는 말이다.

　　수간호사는 병동 파트 간호사들의 근무표를 매달 짜는데, 이 근무표에 따라 낮에 근무했다가 저녁에 근무하기도 하고, 또 밤을 새워 근무하기도 한다.

　　예를 들어 A라는 간호사의 한 달 근무표가 NODDOEENNN-OODEEEO……로 짜여졌다면 첫날은 밤 근무를 하고, 다음 날은 쉬면서 자고, 그다음 날은 낮에 근무하는 식이다. 따라서 일주일 내내 밤 근무를 한다든지, 혹은 일주일 내내 낮 근무를 하는 것은 아니다. 하지만 매일매일 근무 시간대가 바뀌다 보니 정상적인 일상생활이 힘든 것은 물론, 생체리듬이 깨져 일하는 것이 많이 힘들다고 한다.

일반 의원 진료시간 (점심 1시간)

평일   09:00 ~ 18:00
토요일 09:00 ~ 15:00
공휴일 09:00 ~ 13:00

3교대 근무

근무조를 3팀으로 짜서 한 팀씩 교대해 가면서 24시간 내내 일하는 근무 형태를 말한다. 구체적인 근무 시간은 병원마다 다르지만 대체로 다음과 같다.

- 데이팀(낮 근무조) : 07:00 ~ 15:00까지 근무
- 이브닝팀(저녁 근무조) : 15:00 ~ 23:00까지 근무
- 나이트팀(밤 근무조) : 23:00 ~ 다음 날 07:00까지 근무

1 병동 근무 간호사들의 하루 생활 (낮 근무의 경우)

- 약품이나 물품을 점검한다.
- 환자의 상태, 투약, 검사 등에 대해 인계를 받는다.
- 진료 지침에 따라 처치 및 검사 준비를 한다.
- 환자들에게 아침 투약을 하고 병실을 순회한다.
- 점심 투약을 준비하고 투약 기록을 한다.
- 의사들과 함께 회진에 참여한다.

- 환자에 따른 추가 처방을 처치한다.
- 퇴원 환자가 있으면 수속 절차를 설명해 준다.
- 점심식사 처방을 확인한다.
- 환자의 활력 상태를 측정하고 처방에 따른 검사를 한다.
- 간호 기록을 한다.
- 점심 투약을 한다.
- 섭취 및 배설량을 측정한다.
- 퇴원 환자의 침상과 차트를 정리한다.
- 입원 환자의 입원 간호를 실시한다.
- 저녁식사 처방을 확인한다.
- 다음 근무자에게 환자 상태를 보고하고 인수인계한다.
- 물품 정리 및 소모품을 정산한다.
- 특별한 사항이 있으면 기록한다.
- 퇴근한다.

> *낮 근무, 저녁 근무 및 밤 근무시 간호사들이 하는 일는 거의 비슷한데, 밤 근무의 경우에는 환자 수를 점검하는 일과 두 시간마다 병실을 순회하는 것이 추가된다.

간호사의 급여

간호사의 월급을 정하는 방식은 크게 두 가지가 있다. 하나는 병원 측 규정(내규)에 정해진 급수에 따라 일정 액수를 지급하는 것이고, 또 다른 하나는 병원 관리자와 협상하여 월급 액수를 정하는 것이다. 병원 관리자와 협상하여 정할 경우에는 일반적으로 간호사의 경력이나 학력, 또는 그 밖의 자격증을 참고하여 면접 볼 때 결정한다.

1 내규를 따르는 경우

주로 종합병원이나 대학병원 같은 큰 병원이나 공공의료원 등에서 채용하고 있다. 간호사를 직책과 상관없이 5개 등급이나 9개 등급으로 나누어 일정 기간이 지나면 승급시켜 주고, 그 급수에 따라 보수도 올려 준다.

승급 방법에는 시험을 보는 경우와 근무 햇수에 따라 승급을 시켜 주는 경우가 있다. 시험을 보는 경우, 보통 책임 간호사나 수간호사 승진 시험에 합격하면 급수를 함께 올려 준다. 승급만을 목적으로 하는 시험은 없다.

근무 햇수에 따라 승급하는 경우에는 등급 수에 따라 요구되는 기간이 다른데 일반적으로 등급 수가 적으면 많은 경력을 요구한다. 예를 들면 5개 등급으로 나누어져 있을 경우, 처음 입사하면 5급 간호사가 되는데 5급에서 4급 간호사로 승급하려면 보통 8~9년의 근무 경력이 필요하다. 그리고 4급에서 3급으로 승급하려면 6년, 3급에서 2급으로 승급하려면 12년의 경력이 대체로 요구된다.

만일 9개 등급으로 나누어져 있을 때에는 처음 9급 간호사로 입사하지만 1년 반이 지나면 8급 간호사가 되고, 또 2년이 지나면 7급 간호사로 승급한다. 7급에서 6급으로 승급할 때는 3년, 6급에서 5급으로 승급할 때는 4년, 5급에서 4급 이상으로 승급할 때에는 5년 이상의 경력이 요구된다. 수간호사는 5등급 체계에서는 3급 정도, 9등급 체계에서는 5급 정도에 해당한다고 보면 된다.

다음 도표의 근무년수는 승진 시험과 관계없이 승급하는 데 걸리는 연수이다. 이때 승진 시험에 합격하면 급수가 훨씬 빨리 올라간다. 승진 시험에 합격하면 그만큼 많은 월급을 받을 수 있다.

5등급 체계

직급	근무년수
2급	-
3급	12년
4급	6년
5급	8~9년

9등급 체계

직급	근무년수
4급	5년 이상
5급	5년
6급	4년
7급	3년
8급	2년
9급	1년 6개월

간호사 면접 시험을 볼 때 간호사의 월급을 서로 상의하여 결정하는 것으로, 주로 개인 병원에서 많이 택하는 방식이다. 이후 해마다 월급을 올려 주는데, 이 역시 병원과의 협상을 통하여 결정한다. 보통 1년에 10만 원 정도 올려 받는다고 생각하면 될 것이다. 어느 방식으로 월급을 결정하든 4대 보험은 기본적으로 적용되고 퇴직금도 일반적으로 지급된다.

- **간호사 월급의 예 (초임 연봉)**
  - 개인의원 : 최하 1,200만 ~ 최고 2,400만 원
  - 요양시설 : 최하 1,320만 ~ 최고 2,700만 원
  - 요양병원 : 최하 1,800만 ~ 최고 2,700만 원
  - 종합병원 : 최하 1,800만 ~ 최고 3,500만 원
  - 대학병원 : 최하 2,100만 ~ 최고 3,500만 원
  - 3년제 전문대학 졸업 초임 병원 간호사 월급 평균
    : 약 170만 원
  - 4년제 일반 대학 졸업 초임 병원 간호사 월급 평균
    : 약 180만 원
  - 산업체 의무실 초임 간호사 월급 평균 : 약 160만 원
  - 8급 간호직 공무원 초임(1호봉) 월급 : 약 210만 원
  - 간호장교 초임(소위) 월급 : 약 215만 원

- 보건교사 초임(8호봉) 월급 : 약 220만 원
- 전문 간호사 초임 월급 : 최하 200만 원 이상, 다양함(미국의 경우 초임 전문 간호사 평균 연봉은 5만 6,000달러, 3년 경력 전문 간호사의 평균 연봉은 6만 4,000달러)

■ **알아두면 좋은 점**
- 지방병원 간호사는 간호사 월급 평균보다 적은 경우가 많고, 도시 병원은 월급 평균보다 대체로 많은 편이다.
- 개인병원 간호사의 월급은 간호사 월급 평균보다 적은 경우가 많고, 종합병원은 대체로 더 많다.
- 같은 병원에 근무하더라도 근무 환경이나 조건에 따라 월급이 다르다.
- 간호직 공무원, 간호장교, 보건교사의 월급은 직책, 근무 시간, 근무지, 근무 환경 등에 따라 10만~20만 원 정도 차이가 있을 수 있다.

8

간호사란 직업의 장단점

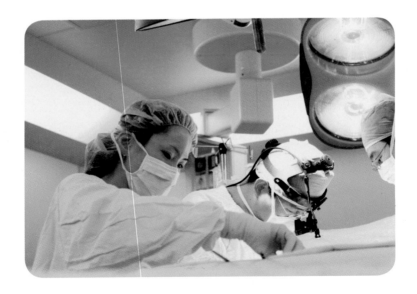

간호사의 좋은 점

1 전문직이다

　　간호사는 법률이 규정한 의료인으로서 전문적 의학 지식과 간호 기술을 지닌 전문 직업인이다. 따라서 전문 직업인으로서 자긍심을 가질 수 있으며, 일반인은 할 수 없는 전문가로서의 여러 가지 법률적 특권을 갖는다. 동시에 지속적인 연구개발을 통하여 지식과 기술을 더욱 심화시킬 수 있는 직업이다.

　　실제 간호사들은 자신의 직업이 전문 기술직인 것에 굉장한 자부심을 가지고 있는 것으로 여러 연구 논문에 나타나고 있다. 더욱이 간호사는 세계적으로 통용되는 전문 기술직으로 인정받고 있어 세계화 시대에 적합한 직업이라 할 수 있다.

2 취직하기가 쉽다

　　요즈음 청년 실업률이 높은 상황에서 간호사는 비교적 일자리를 구하기 쉬운 직종이다. 이러한 경향은 간호 인력에 대한 수요 증가로 당분간 계속될 것으로 보인다.

　　특히 우리나라는 다른 선진국에 비하여 간호사 1인당 인구 수가 많아서 경제가 발전하게 되면 더 많은 간호사가 필요할 것으로 전망된다. 이러한 현실은 의료기관의 간호등급제 실시와 더불어 간호사 부족 현상을 가속화시켜 여러 가지 사회적 문제를 일으키고 있기도 하다.

3 비교적 안정적인 수입이 보장된다

비록 병원마다 월급의 차이가 있기는 하지만 일반 기업체나 다른 직업에 비하여 결코 뒤지는 수준은 아니다. 힘들면 힘든 만큼 더 많은 월급을 받고, 편하면 편한 만큼 적은 월급을 받기 때문에 다른 직업과 달리 자신의 개인적 상황에 맞추어 조절할 수 있다는 장점이 있다. 외국의 경우, 간호사는 소득이 높은 직업에 속한다.

4 다양한 진로가 열려 있다

간호사 면허증을 가지고 있으면 꼭 병원에서 일을 하지 않아도 다양한 직업을 가질 수 있다. 그리고 간호사 면허증을 가진 상태에서 별도의 연수를 거치게 되면, 더 넓은 직업을 선택할 수 있다(직업의 종류는 17쪽 '간호사가 가질 수 있는 직업' 참조하기 바람).

5 여성에 대한 차별이 없다

남녀의 사회적 역할에 대한 고정관념이 바뀌면서 예전처럼 여성에 대한 노골적인 차별은 없지만 아직 알게 모르게 여성에 대한 편견과 차별이 존재하는 것은 사실이다. 하지만 간호 부문에서는 오히려 소수인 남성에 대한 차별이 걱정될 정도로 여성들의 직업 활동이 왕성하다. 사회 어느 부문의 직업보다 여성들이 자신의 능력을 마음껏 발휘할 수 있고, 또 그에 합당한 사회적 성취감을 느낄 수 있는 직업이다.

6 따뜻한 인간애를 느낄 수 있다

간호란 환자를 단순히 병을 가진, 또는 상처를 입은 치료의 대상으로만 보는 것이 아니고 환자의 고통을 이해하고, 그들이 원하는 것을 살펴 책임감을 가지고 진실한 마음으로 환자를 돌보는 것이다. 즉 스스로 움직일 수 없는 사람에게 음식을 먹여 주고, 아픈 상처를 치료해 주며, 위로의 말을 전하는 등 인간에 대한 따뜻한 정을 갖고 활동하는 노동이다. 그래서 어떤 사람은 간호를 '사랑의 노동'이라고 부르기도 했다. 실제로 임상 현장에서 일하는 많은 간호사들이 한결같이 자신들은 따뜻한 인간애를 느낄 수 있어 좋다고 말하고 있다.

7 외국에도 취직할 수 있다

간호사는 전문 의료인으로 한 명의 간호사가 길러지기까지 많은 노력과 시간이 필요하다. 경제가 발달하여 건강에 대한 사람들의 관심이 높아지면서 간호 서비스에 대한 요구가 급격히 늘고 있지만, 간호사 교육기관은 그 속도를 따라가지 못하고 있는 실정이다. 이로 인해 대다수의 선진 국가들은 간호 인력 부족 현상을 겪고 있다.

자체적으로 인력을 충당할 수 있는 나라는 그리 많지 않다. 이 때문에 다른 나라 간호사들에게도 취업문을 비교적 넓게 열어 놓고 있다. 물론 자기 나라의 노동 시장을 보호 · 육성한다는 취지에서 국가 차원의 공식적인 간호사 인력 수입을 표방하고 있지는 않지만, 개인 차원에서의 취업은 어느 직업보다 용이한 편이라 할 수 있다.

간호사의 힘든 점

1 업무가 많고 근무 시간이 일정하지 않다

간호사가 하는 일은 너무도 많아서 육체적으로 피곤한 것은 물론, 정신적으로도 스트레스를 많이 받는다. 특히 종합병원 병동에 근무하는 간호사들은 매우 힘들다고 한다. 이들은 돌아가면서 3교대로 24시간 근무를 해야 하기 때문에 근무 시간이 일정하지 않아 일반 직장인들처럼 규칙적인 생활을 할 수도 없다. 특히 야간 근무를 하는 경우에는 낮과 밤이 바뀌어 더욱 힘들다고 한다.

게다가 환자들이 간호사의 말을 잘 따르지 않고, 의사들이 수시로 처방을 바꾸면 스트레스를 정말 많이 받는다고 한다. 간호 업무 말고도 잡다한 업무가 많은 것도 간호사들이 스트레스를 받는 원인 중 하나로 조사되었다.

2 전문직이지만 사회적 지위나 자율성이 낮다

간호사는 분명 의료기술인 중 하나로, 오늘날 전문직으로 인정받고 있다. 선진국에서는 이러한 인식이 비교적 뿌리 깊게 박혀 있다. 하지만 가부장적 사회 질서가 아직 남아 있는 우리나라의 경우에는 여성 위주의 간호사란 직업이 남성 위주의 의사라는 직업의 종속적 내지 보조적 직업으로 여기는 경향이 있다. 또한 경직된 의료 사회 질서와 의사 중심의 업무 진행 등으로 인해 전문직임에도 불구하고 간호사들의 자율성은 그리 높지 않은 것이 현실이다.

게다가 종합병원이 아닌 의원급 병원에 근무하는 경우, 간호사들이 하는 일은 그다지 전문적인 지식을 필요로 하지 않는 경우가 많아 전문가로서의 자긍심을 잃기 십상이다. 이럴 경우, 간호사들은 많은 스트레스를 받는다.

3

객관적이고 체계적이지 못한 의무 행정으로 스트레스를 받는다

큰 종합병원이나 대학병원은 덜하지만 일반 개인 중소 병원의 경우에는 월급이나 승진, 업무 분담 등이 제도화되어 있지 못한 경우가 많아 간호사들이 스트레스를 받는 것으로 조사되고 있다. 병원 행정 업무를 맡고 있는 사람이나 의사들이 간호사들의 신상과 관계된 일을 좌지우지하는 경향이 많기 때문이다. 특히 승진 문제에서 일관성이 부족하다고 생각하는 경우가 적지 않다. 이러한 부분은 앞으로 제도화하는 방향으로 개선되어 나가야 할 것이다.

전문직으로서 무력감을 느낄 때 힘들다

간호사도 전문직이라서 자신의 업무 영역 내에서는 자신이 갖고 있는 전문 지식에 따라 판단과 결정을 내릴 수 있다. 그런데 의사가 자신의 판단과 다른 조치를 지시한다든지 자신의 의견을 무시할 경우, 전문가로서의 자존심에 상처를 받게 된다. 특히 환자에게 적절하지 않다고 생각되는 지시를 수행하고 있을 때에는 무력감을 느끼게 된다. 특히 자신이 최선을 다해 간호했음에도 환자의 상태가 나빠지거나 좋아지지 않을 때에는 전문가로서 갈등을 느끼게 된다고 한다.

9 간호사란 직업의 미래

앞서 말했듯이 우리나라 간호사들은 과중한 업무에 시달리고 있다. 가장 큰 원인은 적은 인원으로 많은 일을 하기 때문이다. 이것은 결국 사회 전체 인구수에 비하여 간호사 수가 모자란다는 말이다. 물론 간호사 면허증을 가지고 있지만 취업하지 않은 사람도 많아 그들을 활용하여 부족한 간호사 인력을 보충하려고 한다.

하지만 이는 일시적 방편에 지나지 않는다. 보다 근본적인 대책은 간호사 양성 기관을 확대하는 것이다. 주로 대학과 전문대학을 위주로 이루어지는 간호사 교육은 앞으로 계속 확대되어 나가겠지만 이를 통하여 배출되는 간호사 숫자보다 사회가 필요로 하는 간호사 숫자가 훨씬 많다는 데 문제가 있다.

간호사 인력에 대한 수요 증가

현재 우리나라에서는 180개의 대학과 전문대학에서 1년에 2만명이 넘는 간호학과 졸업생을 배출하고 있으며, 한 해에 1만 9,000명 정도의 간호사가 새로 탄생하고 있다. 그럼에도 현재 2만 5,000명 정도의 활동 간호사가 부족한 실정이다. 이 같은 간호사의 부족 현상은 앞으로도 다음과 같은 이유로 더욱 심해질 것으로 보인다.

1 인구수당 활동 간호사 숫자의 증가

현재 우리나라 간호사 수는 선진 외국과 비교할 때 4분의 1 수준에 불과하기 때문에 혼자 맡아서 하는 일이 상당히 많은 편이다. 따라서 질 높은 간호 서비스를 제공하려면 지금의 인구수당 간호사 비율보다 훨씬 더 많은 간호사가 필요하다.

2 대형 병원의 신설 또는 증설

수도권을 중심으로 병원이 대형화되면서 환자 입원실을 비롯한 다양한 시설이 많이 만들어졌다. 이로 인해 이를 관리하고 운영하는 데 필요한 간호사 수요 역시 증가했다.

3 간호등급제 실시

간호사 수에 따라 간호관리료를 차등 지급하는 간호등급제가 실시되면서 높은 등급은 곧 병원의 수입과 직결되게 되었다. 이에 따라 병원들이 더 많은 간호사를 채용하기 위해 노력하게 되면서 간호사 수요가 증가했다.

4 노인 인구와 노인 요양 시설 증가

초고령 사회로 접어들면서 노인 수가 증가하고 경제적 풍요로 노인 요양 시설이 증가하면서 여기에 종사할 간호사 수요도 증가하였다. 특히 노인장기요양보험제도가 실시되면서 해당 관리 기관의 전문 간호사 인력과 장기요양시설에 근무할 간호사에 대한 수요가 늘어나면서 간호사 부족 현상을 더욱 부채질하고 있다.

5 보건교사 배치 의무화

학교보건법에 따라 각 학교마다 보건교사를 의무적으로 배치하게 되면서 간호사에 대한 수요가 더욱 늘어날 것으로 보인다. 또한 교육과학기술부는 2009년부터 보건 교육을 체계적으로 실시하는 한편, 2010년부터 중·고등학교에 보건 과목을 선택과목으로 신설하였다.

가정·산업체·놀이시설·백화점 같이 병원이 아닌 곳에서도 의료 서비스를 제공하는 경우가 늘어나면서 간호사에 대한 수요가 더욱 많아졌다.

이와 같은 이유로 우리나라에서 간호사 부족 현상은 앞으로도 계속될 전망이다. 한 연구에 따르면 2020년에는 1만 8,000명, 2025년에는 최대 2만 9,000명의 간호사가 부족할 것으로 전망된다.

간호 기술의 전문화와 전문 간호사에 대한 수요 증가

경제가 성장하면서 사람들은 단순히 질병을 치료한다는 차원에서 벗어나 보다 건강하고 행복한 생활을 영위하는 데로 관심을 돌리게 되었다. 이에 따라 현대사회에서의 의료 개념도 단순한 질병 치유보다 환자 개인의 건강에 대한 욕구를 충족시켜 주는 쪽으로 변화하고 있다. 특히 과학의 발전과 함께 새로운 의료 기술의 개발은 이러한 사회적 변화에 발맞추어 의료 서비스의 전문화와 세분화를 촉진시켰다. 간호사의 역할과 기능 역시 재정립되면서 전문 간호사에 대한 필요성이 높아졌다.

이러한 사회적 요구에 부응하여 미국에서는 1950년대부터 다양한 분야의 전문 간호사를 체계적으로 양성해 왔다. 우리나라

전문 간호사의 역할과 업무에 대한 법적·제도적 보완이 필요하다

현재 법적으로 전문 간호사의 역할이 명시되어 있지 않은 탓에 전문 간호사들이 일반 간호사와 차별화된 업무를 수행하지 못하고 있는 실정이다. 이에 의료 현장에서 전문 간호사의 활용도를 높여 효율적인 의료 서비스를 제공하기 위해서는 전문 간호사의 역할과 업무를 법에 명시하는 것이 필요하다는 주장이 대한간호협회를 중심으로 나오고 있다. 연구 결과를 보더라도 전문 간호사를 적절히 활용할 경우, 의료비용을 절감할 수 있고 환자들의 만족도도 높아지는 것으로 나타나고 있어 앞으로 전문 간호사에 대한 법적·제도적 보완이 이루어질 것으로 본다.

2011년과 2018년 전문 간호사 자격 취득자 현황

(단위:명)

구분	정신	마취	보건	가정	감염관리	노인	산업
2011	49	12	0	51	33	125	7
2018	33	0	0	21	33	111	10

구분	응급	중환자	호스피스	종양	아동	임상	합계
2011	30	46	36	82	12	37	520
2018	15	34	40	63	10	30	400

〈자료 : 한국간호교육평가원〉

에서도 1973년 '분야별(보건·마취·정신·가정 등 4개 분야) 간호원'이라는 이름으로 처음 시도되었다. 이는 2000년에 '전문 간호사'로 명칭이 바뀌었다.

전문 간호사 분야는 2003년에 보건·마취·가정·정신·감염·중환자·산업·노인·호스피스·응급 등 10개 분야로, 2005년에는 종양·임상·아동 분야가 추가되면서 모두 13개 분야로 늘어났다. 전문 간호사의 업무 분야는 앞으로 더욱 늘어날 것이며, 매년 배출되는 전문 간호사의 숫자도 훨씬 많아질 것이다. 하지만 사회에서 필요로 하는 전문 간호사의 숫자에 비해서는 많이 부족한 실정이어서 여기에 대한 정책적 배려가 시급하다 하겠다.

　　이처럼 전문 간호사의 필요성에 대해서는 대체로 공감하지만 아직 법과 제도가 제대로 갖추어지지 않아 전문 간호사 운용에서는 다소 문제가 없지 않다. 그럼에도 불구하고 전문 간호사에 대한 수요는 점점 더 늘어날 것이고, 그와 더불어 운용상의 문제점들도 개선되어 나갈 것이다.

간호사 교육의 일원화 : 3년 → 4년제로

　　현재 간호사 양성 교육은 3년제 전문대학과 4년제 일반대학이 나누어서 맡고 있다. 그러나 의료 기술의 발달과 더불어 간호 기술도 전문화되고 있어 보다 깊이 있는 간호 교육이 필요하게 되었다. 이에 조직 내 갈등 문제(3년제 간호사와 4년제 간호사 간)와 조직 생산성 저하 문제를 해소하고 질 높은 간호 서비스를 제공하기 위하여 간호계에서는 간호사 양성 교육을 4년제로 일원화하기로 하였다.

그 첫 단계로 2012년부터 전문대학도 4년제 간호학과를 개설할 수 있도록 하였으며, 학사학위를 수여한다. 2012년에는 33개교, 2013년에는 7개교, 2014년에는 6개 전문대학이 4년제 간호학과를 개설하며, 2015년까지 대부분 4년제로 바꾸었다.

1 4년제 간호학과를 개설한 전문대학

군산간호대학, 경복대학, 원광보건대학, 강릉영동대학, 선린대학, 조선간호대학, 경북과학대학, 전남과학대학, 기독간호대학, 마산대학, 광주보건대학, 혜전대학, 거제대학, 서영대학, 여주대학, 가톨릭상지대학, 경산1대학, 김천과학대학, 대경대학, 대구과학대학, 대구보건대학, 대전보건대학, 문경대학, 수원과학대학, 신성대학, 신흥대학, 안동과학대학, 안산대학, 영남이공대학, 제주한라대학, 청암대학, 충청대학, 혜천대학, 동강대학, 동의과학대, 두원공과대, 수성대, 울산과학대, 춘해보건대, 한림성심대.

2 2014년에 4년제 간호학과를 개설한 전문대학

경남정보대, 경북전문대, 동아인재대, 서울여자간호대, 영진전문대, 충북보건과학대.

PART 2

간호사는
어떤 일을 할까?

일반적으로 간호사는 의사가 환자를 진료할 때 필요한 기구를 준비한다든지 체온과 혈압 등을 재고, 의사의 지시에 따라 환자 진료를 돕는다. 또한 의사의 지시에 따라 주사를 놓거나 약을 투약하며, 환자의 상태를 관찰한 후 의사에게 보고하고, 환자의 이동을 돕는 등의 일을 한다. 또 진료 절차를 비롯해 환자 개인의 위생 관리나 질병 상황, 그리고 일어날 수 있는 신체적 현상에 대해 설명하며, 퇴원 후 가정에서 주의해야 할 점에 대한 교육을 한다. 간호 활동과 병상 일지도 기록한다.

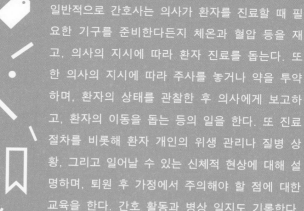

1

간호사가 일반적으로 하는 일

간호사의 직무

간호사의 역할에 대해서는 여러 가지 분류 방법이 있지만, 대체로 다음과 같은 일을 한다.

1 진료 보조

의사가 환자를 진료할 때 필요한 기구를 준비한다든지 체온과 혈압 등을 재고, 의사의 지시에 따라 환자 진료를 돕는다. 또한 의사의 지시에 따라 주사를 놓거나 약을 투약하며, 환자의 상태를 관찰한 후 의사에게 보고하고, 환자의 이동을 돕는 등의 일을 한다.

2 환자 교육

　　진료 절차를 비롯해 환자 개인의 위생 관리나 질병 상황, 그
리고 일어날 수 있는 신체적 현상에 대해 설명하며, 퇴원 후 가정에
서 주의해야 할 점에 대한 교육도 한다. 그 밖에 환기 조절 등 병실
사용에 대해서 설명하고, 적당한 운동과 오락에 대해서도 가르치며,
건강 증진을 위한 여러 가지 방법에 대해 상담하기도 한다.

3 환자 간호

　　환자에게 처방된 약을 정확하게 투여하고 환자의 식사량을
관찰·조절하며 환자의 통증을 관리한다. 또한 환자와 자주 대화
하여 공포와 불안감을 없애 주고 편안한 마음으로 진료받을 수 있

도록 한다. 필요에 따라 환자의 부위를 마사지해 주기도 하고, 환자의 빠른 회복과 상처를 보살핀다.

4 환자 보호

진료와 치료를 받을 때 환자 개인의 프라이버시를 보호해 주고 인격을 존중해 준다. 또한 환자의 이야기를 주의 깊게 듣고 이를 진료에 반영할 수 있도록 한다. 특히 환자의 요구 사항을 의사에게 전달하며, 환자가 다치지 않도록 세심하게 배려한다.

5 병원 업무

간호 활동과 병상 일지를 기록하며, 병실 환경을 관리하고, 문서를 정리 보관한다. 또 의료기기와 소모품을 관리하고, 병원 시설을 관리 운영하며, 입원과 퇴원 업무를 처리한다.

6 조정 및 자기계발

의사와의 업무 조정은 물론이고 동료와의 관계, 다른 부서와의 업무 협조 등을 통해 간호의 질을 높이기 위해 총체적인 조율이 필요하다. 또한 자신의 실력을 향상시키기 위하여 새로운 치료와 간호 방법을 공부하며 건설적인 비판을 받아들인다.

간호사와 근무 부서

일반 개인 의원에서는 근무 부서가 그리 중요하지 않다. 필요에 따라 간호사는 병원에 관계되는 모든 일을 해야 한다. 그러나 대형 종합병원의 경우에는 부서별로 업무가 나누어져 있고, 또 한 곳에만 근무하는 것이 아니고 돌아가면서 순환 근무를 하는 것이 일반적이다.

근무 부서는 대체로 병원의 인사를 담당하는 자가 병원 상황과 간호사 개인의 능력 및 자격에 따라 결정하여 발령을 내지만, 되도록 간호사가 희망하는 부서로 발령을 내준다.

1 근무 부서

근무 부서는 병원 조직에 따라 다른데, 종합병원의 경우 대략 다음과 같다. 내과, 외과, 신경외과, 정신과, 안과, 이비인후과, 피부과, 비뇨기과, 정형외과, 성형외과, 흉부외과, 수술실, 중환자실, 응급실, 산부인과, 소아과, 재활의학과, 방사선실, 마취통증의학과, 인공신장실, 감염관리실, 가정간호사업소, 호스피스실, 임상시험실, 스포츠 클리닉, 각 병동.

2 부서 이동 방식

부서 이동은 정기 인사를 통하여 부서를 옮기는 경우와 필요에 따라 수시로 옮기는 경우, 두 가지가 있다. 정기 이동은 간호 부서의 연간 계획에 따라 개인의 의사와 상관없이 체계적으로 이루어지는 것이고, 수시 이동은 간호사의 승진 또는 퇴직으로 인하여 결원이 생긴 경우, 또는 개인의 적성 문제로 인해 요구가 있을 때 이루어진다.

3 부서 이동의 좋은 점

무엇보다도 간호사로서 다양한 임상 경험을 할 수 있다. 또한 개인의 능력과 적성에 따라 적재적소에 배치함으로써 효율적인 의료 서비스가 가능하고, 간호사 개인의 적성에 맞는 분야를 찾을 수 있다. 뿐만 아니라 간호사의 업무 활동을 평가하고 이를 인사에 반영함으로써 간호사의 나태함을 막을 수 있다. 희망 부서로 옮길 경우, 간호사의 사기를 높일 수 있다.

4 부서 이동의 나쁜 점

일반적으로 간호사들은 부서 이동 자체를 하나의 변화로 보기 때문에 새로운 부서에 대한 불안감을 가지는 경향이 있다. 특히 현재의 부서에 대한 만족감이 높을수록 부서 이동에 대하여 부정적으로 생각하는 경향이 강하다.

부정적 반응을 좀 더 구체적으로 살펴보면 간호사 개인이 원하지 않았음에도 부서 이동이 이루어졌을 때 근무 환경 변화로 인한 스트레스가 심하다. 경우에 따라 이를 벌칙으로 이해해 근무 의욕을 상실할 수도 있다. 특히 간호사의 능력과 적성에 맞지 않는 부서로 옮겼을 때에는 적응하지 못하고 그만 두기도 한다.

따라서 공정하고 합리적이지 못한 부서 이동은 병원 운영에 차질을 가져올 뿐만 아니라 빈번한 부서 이동은 간호의 전문성을 떨어뜨릴 수 있다. 간호사가 새로운 부서의 업무를 배워 적응하는 데는 보통 1년 이상 걸리는데, 잦은 부서 이동은 숙달된 전문 간호 기술 습득을 방해하기 때문이다. 특히 특정 분야의 전문 간호사를 희망하는 경우에는 부서 이동이 그리 달갑지 않을 것이다.

5 부서 이동에 대한 간호사들의 반응

간호사들의 부서 이동은 자신이 원해서 하는 경우보다 자신의 의사와 관계없이 이루어지는 경우가 많다고 한다. 그러나 수술실 근무 간호사의 경우에는 스스로 원해서 근무하는 경우가 많은 것으로 나타났다. 이는 그들이 전문 간호사로 성장하기 위해서인 것으로 보인다.

간호사들이 부서 이동을 원하는 이유는 다음에서 볼 수 있듯이, 병원 내에서의 인간관계의 어려움이나 승진 기회를 갖기 위한 것보다는 직업적 성취감이나 적성이 맞지 않기 때문인 것으로 조사되었다.

간호사들이 부서 이동을 원하는 이유 (순위별)

① 현 업무에 대한 성취감과 보람이 적음.
② 다른 과의 경험을 얻기 위해서.
③ 업무의 내용이 적성에 맞지 않음.

⑬ 동료와의 인간관계가 어려움.
⑭ 승진 기회가 적어서.

간호사들이 부서 이동을 원하지 않는 이유 (순위별)

① 원하지 않는 부서로 이동될 수 있으므로.
② 현 부서에 만족하므로.
③ 새로운 환경에 대한 불안감 때문에.

⑧ 상사에게 인정받고 있으므로.
⑨ 현 부서에서 승진이 기대되므로.

〈자료 : 김순덕 외 2명, 「종합병원 간호사의 부서 이동 양상 및 직무만족도」, 『순천향산업의학』 제4권1호, 순천향대학교산업 의학연구소, 1998, p. 24.〉

2

분야별 전문 간호사가 하는 일

보건 전문 간호사

보건의료원 · 보건소 · 보건지소 · 보건진료소 등에서 간호
사로 3년 이상 근무하거나 간호사 면허를 가지고 정부 또는 지방
자치단체의 보건 위생 업무에 3년 이상 근무한 자로서, 부산대학
교 대학원 보건 전문 간호사 2년 과정을 수료한 후 전문 간호사 시
험에 합격하면 보건 전문 간호사가 된다.

보건 전문 간호사가 병원의 일반 간호사하고 다른 점은 병원
간호사들이 치료 중심의 의료 활동을 하는 데 비해 보건 전문 간호
사는 예방 위주의 의료 활동을 한다는 것이다. 즉 질병 예방과 국
민의 건강 증진이라는 목표를 가지고 임상 활동 이외에 다양한 활
동을 한다. 따라서 보건 전문 간호사는 간호학적 지식은 물론 공중

보건학적 지식을 기본적으로 갖추어야 된다.

그러나 아직까지 보건 전문 간호사의 업무 내용이나 범위가 명확히 정해져 있는 것은 아니다. 그들에 대한 처우 또한 특별한 것이 없어 앞으로 제도적으로 해결되어야 할 점들이 많다.

이들은 주로 보건소나 보건의료원 같은 공공 보건기관에 근무하며, 다음과 같은 일들을 한다.

- 보건소 이용 주민의 개인별 건강 상태 기록 및 보관
- 개인 또는 집단에 대한 보건 교육(금연, 만성퇴행성질환 예방, 영양 및 식생활, 공중위생, 구강위생 등) 실시
- 지역주민의 영양 지도(영유아 · 임산부 · 수유부 · 노인 · 환자 및 성인의 영양 관리) 및 상담
- 지역주민의 건강 상담
- 전염병 예방을 위한 주민 홍보 · 계도
- 관할 구역 안에 거주하는 전염병 환자 또는 의사 환자에 관한 환자 명부의 작성 비치 및 상황 보고
- 디프테리아 · 폴리오 · 백일해 · 홍역 · 파상풍 · 결핵 · B형간염, 그 밖의 보건복지가족부 장관이 지정하는 전염병에 관한 정기 · 임시 예방접종 실시
- BCG 접종
- 예방접종의 유예 및 예방접종 유예신고필증의 교부
- 예방접종에 관한 기록의 작성 및 보관

- 후천성면역결핍증에 관한 정기 또는 수시 검진
- 전염성 결핵 환자에 대한 등록 및 투약 등 의료 관리 실시
- 환자의 신체 검진 및 주사, 투약
- 가정방문 간호
- 모자보건사업 및 가족계획사업의 세부 계획 수립·시행 및 상담
- 영·유아 발달 과정 측정 및 성장 발육에 관한 상담
- 수유 및 이유식에 대한 상담 및 지도
- 임산부의 산전관리·산후관리 및 분만관리와 응급처치에 관한 사항
- 피임 시술 및 피임약제의 보급에 관한 사항

- 보건에 관한 지도·교육·연구·홍보 및 통계 관리에 관한 사항
- 임산부 또는 영유아에 대한 모자보건수첩의 발급
- 노인에 대한 건강 진단 및 보건 교육
- 만성퇴행성질환자의 등록 및 관리
- 업무에 관한 기록 및 공문서 작성

마취 전문 간호사

첨단 의료 기기와 기술의 발전으로 외과적 수술이 여러 분야에 걸쳐 다양하게 이루어짐으로써 마취 기술 또한 장족의 발전을 해왔다. 이에 따라 마취 전문 인력에 대한 수요도 급격하게 늘어났다.

하지만 의약분업 이후 보험수가 문제로 마취과를 지원하는 의사 수가 줄어든 데다 기존의 마취 전문 의사들도 상당수 마취 업무 외의 다른 의료 행위에 종사함으로써 마취 전문 인력이 절대적으로 부족한 실정이다.

마취 전문 의사 수요에 관한 한 연구에 따르면 2015년 우리나라의 마취 전문 의사는 의료계가 필요로 하는 숫자의 51%밖에 충당할 수 없을 것이라고 했다. 이 같은 마취 인력 부족 현상을 해결하기 위하여 마취 전문 간호사 양성에 관심이 쏠리고 있다. 미국

에서는 마취 전문 간호사가 실제로 마취 전문 의사를 대체하는 효과를 가져와 환자 마취의 65% 이상을 마취 전문 간호사가 담당하고 있다고 한다.

마취는 일반 수술 말고도 분만시 제왕절개나 무통분만 시술을 할 때 필요한 의료 행위 중 하나로, 마취 전문 간호사는 다음과 같은 일을 한다.

- 마취 전에 환자의 건강 상태와 병력을 파악한다.
- 환자의 마취 계획에 관하여 의사와 상의한다.
- 무균법을 엄수하며 마취에 필요한 기계와 기구를 준비하고 소독한다.
- 표준에 따라 마취약과 마취 방법을 파악한다.
- 마취 전에 환자에게 마취의 목적과 방법을 설명한다.
- 마취가 필요한 환자의 체위를 편안하게 한다.
- 마취시 환자의 보온에 힘쓴다.
- 기관 내 삽관과 발관을 실시한다.
- 마취 중 투여한 약물의 이상 반응을 관찰한다.
- 마취 유도·유지·각성 과정을 관리한다.
- 필요에 따라 환자에게 국부 마취를 실시한다.
- 마취 계획에 따라 마취가 실시되었는지 평가한다.
- 마취의 각성 상태를 판단하여 회복실로 환자를 이송한다.
- 마취와 관련하여 수행한 업무와 환자의 상태를 기록한다.

정신 전문 간호사

정신 전문 간호사는 정신보건법에서 규정하고 있는 정신보건 전문요원 중 하나인 정신보건 간호사와 일반적으로 많이 혼동하고 있지만, 법적 근거가 다르기 때문에 다른 종류의 간호사라 하겠다.

정신보건 간호사는 정신보건법 및 정신보건법 시행령으로 규정하고 있는 데 비하여 정신전문 간호사는 의료법과 전문 간호사 자격 인정 등에 관한 규칙으로 정하고 있다.

그럼에도 불구하고 두 종류의 간호사 모두 정신질환자를 대상으로 하는 간호사라는 공통점을 가지고 있어 실질적인 의료 활동에서 겹치는 부분이 많다. 하지만 자격 요건이 서로 다르고 역할 또한 다르기 때문에 명백히 구분해야 한다(정신보건 간호사에 대해서는 간호사의 종류 '특수 간호사' 참조).

정신 전문 간호사는 일반적으로 정신병원, 일반 병원 정신과, 정신과 의원, 정신요양시설, 정신보건센터, 보건소 등에 근무하면서 정신병(기질적 정신병을 포함한다) · 인격장애 · 알코올 및 약물중독, 그 밖의 비정신병적 정신장애를 가진 정신질환자 치료를 돕는 간호 활동을 한다.

2017년 현재 전국에 정신 전문 간호사 자격증을 가진 간호사는 536명이 있으며, 하는 일은 대체로 다음과 같다.

- 신체검사, 개인 병력 및 유전적 요인 등 가족력 조사하기
- 정신장애와 관련한 건강 상태 및 신체 상태 조사하기
- 간호 목표 및 계획 수립하기
- 치료팀과 치료 계획 수립, 수행 및 평가에 참여하기
- 환자와 치료적 의사소통하기
- 환자의 이상행동의 특성을 관찰·파악하고, 이에 대한 정신 간호 진단 내리기
- 환자의 식사·청결·수면·운동·간식·배설 등에 대한 간호 관리하기
- 전문 간호사 업무 범위 내에서 규정된 정신과 약물 처방하기
- 투약 및 정신약물 부작용 관리하기
- 폭력·도주·물질중독 등 정신과적 응급상황을 이해하고 대처하며 보고하기
- 자살 위기 관리하기
- 안전사고 방지하고 대처하기
- 학대 대상자의 특성을 파악하고 학대 대상자 간호하기
- 환자의 가족에 대한 정신과적 간호하기
- 환자의 권리와 환자 가족의 권리 옹호하기
- 개별 정신건강 또는 집단 정신건강 상담하기
- 사회 복귀 훈련이나 직업 재활 프로그램 관리하기
- 지역사회의 정신보건사업을 기획하고 운영 관리하기

가정 전문 간호사

의료법 제33조 제1항에 의하여 의료기관 밖에서 의료행위를 하는 간호사로, 말 그대로 가정에서 환자를 진료하는 간호사라고 할 수 있다.

일반적으로 진료를 받으려면 병원에 가야 하지만, 법에 정한 특정한 경우에는 병원에 가지 않고 자신의 집에서 간호 및 치료적 간호를 받을 수 있다. 이를 가정간호라고 하는데, 의료법 시행규칙 제24조에 그 대상자와 간호 행위의 범위가 명시되어 있다.

이러한 가정간호는 병원에서 하는 임상간호와 달리, 환자의 가정에서 환자와 그 보호자가 함께 있는 상황에서 간호사 단독으로 자신의 판단력과 수행력에 의지하여 간호 조치를 취해야 한다는 특성이 있다.

그러다 보니 간호사 개인의 자율성은 높지만 그만큼 책임이 무겁다고 할 수 있다. 특히 의사 없이 단독으로 간호 및 치료적 간호 행위를 해야 하기 때문에 예기치 못한 상황이 발생하거나 법이 허용한 범위 밖의 의료 행위가 긴급히 필요할 경우 스트레스를 많이 받는다.

현재 우리나라의 가정 전문 간호사는 외국과 달리 간호사가 독자적으로 가정간호사업소를 설립하여 간호 행위를 할 수는 없다. 병원에 소속되어 의사가 가정간호가 필요하다고 판단하여 의뢰한 환자들에 대해서만 법적 범위 내에서 간호 및 치료 행위를 할 수 있다.

가정 전문 간호사가 할 수 있는 간호 및 치료 행위는 다음과
같다.

- 주거 환경을 조사하고, 가족 및 주 간호자에 대해 파악한다.
- 환자의 특성 및 관련 요인을 확인한다.
- 간호 문제에 대한 진단을 한다.
- 보험 적용 여부와 환자의 요구에 따라 방문 계획을 세운다.
- 의사의 처방에 따라 욕창 치료나 기관지관 삽입 등과 같은
  전문 간호 행위를 한다.
- 온열 또는 냉열 요법을 적용하며, 체위 교환·관절 운동·마
  사지 등을 실시한다.
- 의사나 한의사의 진단과 처방에 따라 혈액·소변·가래 등
  간단한 가검물을 채취하여 검사를 의뢰하고 약을 투약하며
  주사를 놓는다.
- 주치의의 의뢰 사항과 처방 내용, 환자의 상태 변화 및 조치
  내용, 치료적 삽입 기구에 대한 관리 내용 등을 기록한다.
- 가족들과 환자의 상태, 재입원, 응급시 조치 등에 관하여 상
  담하고 교육한다.
- 의사나 한의사의 진단과 처방에 따라 봉합사 제거, 상처 치
  료, 방광 세척, 피부 간호 등과 같은 치료적 간호 행위를 한다.
- 상처를 소독하고 치료하며 만성질환을 관리한다.

- 환자 및 가족들에게 식이요법, 활동요법, 관절 운동법, 자기 건강 진단 측정요법 등에 관하여 교육한다.
- 환자의 심리 안정과 정신 건강을 유지한다.
- 제공된 간호에 대한 환자의 반응과 간호의 효율성에 대하여 평가한다.
- 사업소의 시설물, 약품, 소모품, 의료 장비 및 차량 등을 관리한다.

감염관리 전문 간호사

병원에 입원하거나 방문하는 환자 및 병원에서 근무하는 의사나 간호사 또는 직원들이 병원 내에서 다른 질병에 감염되는 것을 병원 감염이라고 하는데, 감염관리 전문 간호사는 이러한 병원 감염을 예방함으로써 안전한 병원 환경을 조성하는 의료인이다.

일반적으로 병원 감염은 의료기구, 의사나 간호사의 손, 병원 내의 여러 가지 시설물, 병실 내의 공기 등 다양한 경로를 통해서 이루어진다. 병원 감염에는 수술 창상 감염, 패혈증, 폐렴, 요로 감염, 피부 연조직 감염 등이 있다.

병원 감염은 비교적 최근에 와서 그 위험성이 알려졌는데, 우리나라에서는 1990년대 들어와 비로소 이 문제에 대하여 관심을 갖게 되었다. 물론 그 이전에도 부분적으로 감염 관리가 이루어

져 오긴 했지만, 병원 전체 차원에서 관심을 갖고 실시되기 시작한 것은 2003년부터라 할 수 있다.

　오늘날에는 의료적 측면에서뿐만 아니라 병원의 이미지 개선과 경제적 수익성 차원에서 감염관리 전문 간호사를 두는 병원이 많이 늘어나고 있어 다행이다. 하지만 2017년 현재 우리나라에는 310명의 감염관리 전문 간호사가 있을 뿐 교육기관도 많지 않아서 앞으로도 병원 감염 문제에서 완전히 자유로울 수 있는 상황은 아닌 것 같다.

그러면 감염관리 전문 간호사가 하는 일을 살펴보기로 하자. 그전에 감염관리 전문 간호사는 병원 전체를 대상으로 하는 업무의 특성상 여러 의료 부서의 활동 내용을 면밀히 파악하는 것은 물론, 진료부·진료지원팀·행정팀과의 원활한 의사소통을 위하여 대인관계가 원만해야 한다.

감염관리 전문 간호사의 업무로는 크게 병원 내에서의 효과적인 감염 발생 감시 체계를 운용하는 것과, 감염 관리를 위한 정책 및 규칙을 만들고, 병원 직원들에게 감염 관리에 대해 교육하고 홍보하는 것이 있다. 구체적으로는 다음과 같다.

- 병원 감염에 대한 감시를 실시하면서 특정 시기나 장소에 특정 균에 의한 감염률이 급작스럽게 증가할 경우 감염 유행 조사를 하고 보고한다.
- 미생물 결과지, 병실 순회, 각 간호 단위에서의 보고 등을 통하여 조사 대상자를 선정한 후 해당 병동을 방문하여 환자와 환자의 기록을 토대로 하여 병원 감염을 판단하고 조사한다.
- 병원 감염과 관련된 자료들을 수집·분류하고 항목별로 분석한다.
- 월별로 병원 감염의 부위별·진료과별·간호단위별로 발생률을 계산한다.
- 중환자실·신생아실·투석실·분만실·수술실·마취과·중

앙공급실 · 특수검사실 · 주방 · 약제과 등과 같은 특수 부서 직원들에 대해 혈청학적 검사와 X-ray 검사를 정기적으로 실시한다.

- 병원 감염 발생 위험 요인 및 개선 사항을 조사 · 분석한다.
- 간염 및 인플루엔자 백신 투여 등과 같은 감염 질환의 예방 활동을 한다.
- 법정 전염병과 특정 전염성 질환에 대한 격리 관리를 한다.
- 감염 위험성이 있는 기구 · 기계 및 장치들을 평가하고 적절한 감염 관리 방법에 대하여 조언한다.
- 신규 직원들에게 감염 관리 교육을 실시한다.
- 직원들의 건강검진이나 전염성 질환에 대해 자문한다.
- 감염관리위원회 등에 참석하여 감염 관리 정책의 수립이나 방향 설정에 참여한다.
- 감염관리 규정 및 지침을 매년 평가하여 수정 및 보완한다.

산업 전문 간호사

노동부의 통계에 따르면 2019년 7월 말 현재 우리나라 산업 총 근로자는 1,823만 명으로 국민 전체의 28.3%에 해당한다. 이처럼 많은 사람들이 산업 현장에서 일을 하다 보니 질병이나 사고로 다치는 사람 또한 적지 않다. 한국산업안전공단의 자료에 따르면

2018년 한 해 동안 발생한 산업재해자 수는 무려 10만 2,325여 명에 이른다. 비록 산업재해자 수는 매년 줄어들고 있지만 산업 현장에서의 근로자 보건 및 안전 문제는 간과할 수 없는 중요한 사회 문제라 할 수 있다.

이에 산업체에 근무하는 근로자들의 신체적·정신적 건강을 위하여 산업 현장에서 1차 보건의료 수준의 건강관리, 산업 위생 관리 및 보건 교육을 하는 의료인 제도를 두게 되었다. 산업간호사는 바로 그러한 일에 종사하는 간호사이다.

이러한 산업간호사 제도는 보건·건강·안전 분야에서 보다 전문적인 서비스를 제공하여 산업재해와 직업병을 효율적으로 예방할 수 있도록 2003년에 산업 전문 간호사 제도로 한 단계 업그레이드되었다. 오늘날 산업 전문 간호사는 산업 현장에 근무하거나 주기적인 산업 현장 방문을 통하여 근로자들의 건강 및 근로 보건 환경 등을 점검하는데, 대체로 다음과 같다.

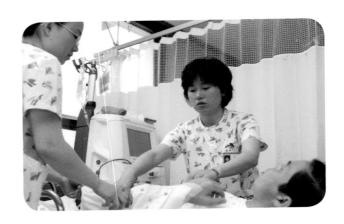

- 근로자 건강 검진 프로그램 운용하기
- 건강진단 결과표를 확인하고 건강진단 실시 계획 수립하기
- 작업 환경 측정 계획 수립 및 확인하기
- 사업장 보건일지 점검하기
- 사업장 위생시설 및 복지시설 점검하기
- 사업장 관리카드에 보건관리 업무 실시 내용을 기록하고 점검 결과와 조치 사항 보고하기
- 결근자 수, 이직자 수, 환자 발생 수, 재해 발생 건수 등과 같은 보건지표를 정기적으로 점검하기
- 작업 환경 측정 결과를 확인하고 지도하며 해로운 작업 환경과 환경 위생에 대해 1차적으로 조치하기
- 근로자 건강진단 실시 계획을 수립하고 준비하기
- 근로자들의 건강 상담을 실시하고 질병을 조기 발견 · 조치하기
- 직업병 의심 근로자 명단을 파악하고 관리하기
- 외상 등 흔히 볼 수 있는 환자 치료하기
- 외상, 화상, 유해물질에 의한 중독, 골절, 출혈, 쇼크, 발작 등 응급을 요하는 자에 대한 응급처치
- 응급처치 교육하기
- 상병의 악화 방지를 위해 처치하기
- 사업장을 순회 점검 · 지도하며 필요한 조치 건의하기
- 직업성 질환 발생의 원인 조사 및 대책 수립하기

- 근로자의 건강 상태에 대하여 산업장 책임자에게 설명하고 조치를 의뢰하기
- 응급처치 기구를 비롯한 의료 기구 및 시설 관리하기

응급 전문 간호사

말 그대로 응급실이나 그 밖의 의료 사고 현장에서 응급 환자를 돌보는 간호사를 응급 간호사라고 하는데, 여기서 말하는 응급 전문 간호사는 아니다.

응급 간호사는 일반 간호사로서 응급 환자를 돌보는 사람이지만, 응급 전문 간호사는 응급 간호 경력을 3년 이상 가진 자가 대학원 응급전문 간호사 교육과정을 이수한 뒤 응급 전문 간호사 자격시험에 합격한 경우를 말한다. 따라서 응급 전문 간호사는 긴급한 의료 처치를 필요로 하는 응급의료 분야의 전문 지식과 기술을 가지고 있는 전문 간호사라고 하겠다.

이러한 응급 전문 간호사는 우리나라보다는 미국에서 발달하였다. 미국에서 응급실에 들어오는 환자 상당수가 응급 환자가 아닌 일반 환자들이어서 이들 때문에 응급 의료진들이 응급 환자를 돌볼 여력이 없다는 문제를 해결한다는 차원에서 이 제도가 만들어졌다고 한다. 즉 응급실에 들어오는 일반 환자들에게 1차적으로 응급 전문 간호사가 조치를 취함으로써 응급 의사 등 응급 의

료 인력이 응급 환자만을 집중적으로 돌보도록 하여 의료 활동의 효율성을 높인다는 것이다. 실질적으로 응급성이 떨어지는 가벼운 환자는 응급 전문 간호사가 프로토콜에 따라 처치함으로써 응급 환자의 정체를 해소하고 서비스의 질을 높이는 데 많은 기여를 하고 있다.

우리나라에서는 2003년에 응급 전문 간호사 제도가 도입되었으나 현장에서의 시급한 필요성에도 불구하고 아직 정착되지는 못하였다. 특히 견습 의사나 초임 의사들이 응급실을 담당하고 있는 현실을 생각할 때 응급 전문 간호사 제도가 하루빨리 정착되는 것이 필요할 것이다.

- 환자의 신체를 검진한다.
- 응급 진단검사를 실시하고 그 결과를 확인 · 분석한다.
- 응급환자를 분류하고 지속적으로 관찰한다.

- 드레싱이나 체스트 튜브 삽입을 보조한다.
- 수술 상처를 제외한 급성 상처를 드레싱한다.
- 각종 응급 시술 및 처치를 시행한다.
- 환자와 가족들에게 정서적 안정감을 준다.
- 환자에게 일어날 수 있는 각종 사고를 예방하며, 조명·환기·온도·소음 등 환자에게 건강한 환경을 조성한다.
- 환자에 대한 검사나 시술 전에 설명하고 필요한 경우 동의서를 받는다.
- 검사를 준비하고 처치를 보조한다.
- 환자에 대한 검사를 처방하고 프로토콜에 명시된 약물을 처방한다.
- 응급환자를 이송하고 관리하며 중환자 이송시 동행한다.
- 응급장치를 모니터링한다.
- 환자의 혈당·CVP(중심정맥압) 등을 측정하고 산소요법을 시행한다.
- 필요시 상급응급심폐소생술을 시행한다.
- 응급 약물을 투여한다.
- 응급 간호 수행 결과를 평가하고 간호의 내용을 수정·보완한다.
- 응급간호 업무보고서 및 업무일지를 작성한다.
- 응급실 내 일반 간호사의 활동을 관리·감독한다.

노인 전문 간호사

의료 기술의 발달과 경제적 풍요로 인하여 노인 인구가 급격히 늘어나면서 노인의 건강 문제와 치매·뇌졸중 등 노인성 질환이 사회의 주요 이슈로 등장하고 있다.

노인 전문 간호사 제도는 이러한 시대적 요청에 따라 2003년 우리나라에 처음 도입되어 오늘날까지 2,102명의 노인 전문 간호사를 배출하였다. 이들은 현재 외래 진료소, 가정간호, 주간노인 보호소, 양로원, 노인센터, 요양원, 병원 등에서 근무하고 있다.

미국에서는 노인 전문 간호사 제도가 상당히 활성화되어 있다. 한 연구 결과에 따르면 노인 전문 간호사의 간호를 받을 경우 병원 입원률 감소, 약물 사용 감소, 정체도뇨관 사용 감소, 욕창 발생 감소, 억제대 사용 감소, 요로감염 감소, 상기도 감염 감소 등의 효과가 있다고 한다. 이는 노인을 대상으로 하는 간호 현장에서 노인 전문 간호사의 활동이 노인들의 건강 증진은 물론, 질병의 조기 발견으로 전체 노인 관련 비용을 절감할 수 있음을 보여준다.

노인 전문 간호사는 어느 기관에서 일하느냐에 따라 업무 내용이 약간씩 다르지만 대체로 다음과 같은 일을 한다.

- 노인 환자의 경우에는 대개 만성질환을 가지고 있기 때문에 안정적인 건강 상태를 유지하기 위해 투약과 검사 교육을 지속적으로 실시한다.

- 입원 환자의 경우 노화로 인한 합병증을 예방한다.
- 환자의 퇴원 계획을 환자의 인지 수준, 사회적 지지 정도 및 생활조건 등을 고려하여 종합적으로 세우며 필요시 가정간호와 연결한다.
- 만성적인 기능장애 극복에 필요한 재활 서비스를 제공한다.
- 노인들의 독립성과 자율성을 최대한 보장해 준다.
- 노인 전문 간호사는 장루 간호, 기관절개관 관리, 산소요법, 경관 영양, 정맥주사요법, 복막 투석 등 직접적인 간호 기술을 사용하며 봉합사나 괴사 조직을 제거한다.
- 노인 환자들의 실금 문제 관리, 통증 관리, 투약 관리, 흡인, 피부 간호 등을 할 때 일반 간호사들을 지도·감독한다.
- 노인 환자의 건강 상태를 측정하여 프로그램에 참여할 수 있는지 여부를 판단하고, 문제가 있을 경우 적절한 간호 계획을 수립한다.
- 일상생활을 하는 데 필요한 기본적 활동과 개인 위생 관리가 적절히 이루어지도록 조정하며, 질병 예방과 질병 관리가 효과적으로 이루어지도록 한다.
- 당뇨병·고혈압·요실금·관절염 등 만성 질환에 대한 교육을 실시하고 합병증을 예방하도록 돕는다.
- 노인들의 건강 증진을 위한 프로그램을 개발·운용하고 정기적으로 건강검진을 실시함으로써 질병을 조기에 발견하고 적절한 조치를 취한다.

중환자 전문 간호사

간호의 전문화라는 시대적 요청에 따라 2006년부터 중환자 전문 간호사가 배출되고 있지만, 아직까지 중환자 전문 간호사의 업무나 역할에 대해서는 불분명한 점이 많이 있다. 다만 생명에 위협을 받을 정도로 심하게 아프거나 다친 환자를 대상으로 간호 활동을 한다는 것은 분명하다.

중환자 전문 간호사는 주로 병원 중환자실에 근무하면서 간호 활동을 하지만 오늘날에는 꼭 중환자실에만 국한하지 않고 중환자가 있는 모든 곳에서 활동을 한다고 봐야 한다.

그러나 중환자 간호가 여러 가지 의료기기를 활용하여 이루어진다는 점을 생각할 때 그러한 장비가 갖추어져 있는 중환자실이 아무래도 주된 활동 장소라 할 수 있다.

중환자 전문 의사 제도가 없는 우리나라 의료계 현실에서 볼 때 중환자 전문 간호사의 역할은 매우 중요하다. 하지만 의사 업무와 일반 간호사 업무 사이에 아직 이렇다 할 독자적 업무 영역이 아직 확립되어 있지 않다. 이러한 문제는 앞으로 전문 간호사 제도의 정착과 더불어 해결해 나가야 할 것으로 생각된다.

중환자 전문 간호사는 중환자를 돌보는 일반 간호사보다 수준 높은 중환자 간호 서비스를 제공한다는 점에서 차별화되지만 간호 실무 분야에서는 아직 일반 중환자 간호사의 업무와 공통된 부분이 많다고 봐야 할 것이다. 하는 일은 다음과 같다.

- 환자의 의식 상태나 말초 순환 상태를 조사한다.
- 호흡기 계통의 기능을 조사하기 위하여 X-ray나 PFT와 같은 검사 결과를 확인한다.
- 순환기 계통의 신체검진을 시행한다.
- 환자의 상태에 따라 처방된 약물의 용량 및 투여 방법을 조정한다.
- 의사의 회진이나 협진팀 회의에 참여한다.
- 심폐정지시 응급 약물을 처방한다.

- 상처 부위에 드레싱을 한다.
- 호흡요법의 필요성을 조사하고 적절한 방법으로 실시한다.
- 특수 검사나 시술 전 환자를 교육하고 장비 및 물품을 준비한다.
- 쇼크 발생시 원인에 따른 조치를 취한다.
- 통증 조절 및 긴장 완화를 위해 약물 주입 등의 간호적 조치를 취한다.
- 중환자 퇴원 계획을 세운다.
- 간호사를 대상으로 중환자 간호에 관한 자료를 개발하고 교육 프로그램을 운용한다.
- 중환자 간호에 관한 연구를 한다.
- 중환자 간호 실무 표준을 개발한다.
- 중환자 간호 관리와 관련된 정책 수립 및 시행에 대해 자문에 응한다.

호스피스 전문 간호사

호스피스는 시한부 생명을 가진 임종 환자와 그 가족을 위한 의료 서비스로 편안하게 죽음을 맞이할 수 있도록 환자를 의학적으로 관리함으로써 환자의 심리적·육체적 고통을 덜어 주는 간호 활동을 말한다.

　따라서 호스피스에서는 환자의 생명 연장보다는 주어진 시간 내의 삶을 보람되게 보내고 인간의 존엄성을 지키는 데 관심을 갖는다. 이는 현대 의학적 치료가 죽어 가는 사람에게는 적합하지 않다는 반성, 즉 중환자실에서 일상적인 생명의 연장은 오히려 환자에게 고립감과 불편함만을 줄 뿐 그들로부터 인간답게 죽을 권리를 박탈하고 있다는 생각에서 비롯된 것이다. 대부분 몇 주 또는 몇 개월 후 확실히 임종을 맞이할 환자에게 제공되며, 병원 또는 가정에서 이러한 의료 서비스를 받을 수 있다.

　호스피스 전문 간호사란 이처럼 의학적 치료가 한계에 다다른 환자와 그 가족을 대상으로 심리적 안정을 꾀하고, 환자의 증상 완화 및 통증을 치료해 주기 위해 가족, 전문 의사, 물리치료사, 사회복지사, 성직자, 영양사, 음악치료사, 자원봉사자 등과 한팀을 이루어 호스피스 계획을 수립하고 해당 환자를 간호하는 일을 전문적으로 하는 간호사를 말한다. 호스피스 활동은 그 특성상 간호사를 중심으로 이루어진다.

　　호스피스 간호 활동은 외국에서 매우 활발히 이루어지고 있다. 우리나라에서는 2003년 호스피스 전문 간호사 제도가 처음 도입된 이래 2016년까지 모두 477명의 전문 간호사가 배출되었다. 미국에서는 2000년에 이미 3,100개의 호스피스 실시 기관과 2만 361명의 호스피스 간호사가 있었으며, 일본에는 2001년에 1,383명의 호스피스 간호사가 있었다.

　　다음은 호스피스 전문 간호사가 주로 하는 일이다.

- 말기 환자의 통증과 각종 증상은 물론 정서적 · 사회적 · 영적 측면의 문제를 파악한다.
- 간호 목표에 따라 환자의 신체검진과 진단적 검사를 수행하고 해석한다.
- 환자와 가족의 과거력, 현재의 증상을 분석한다.
- 환자의 호소를 주의 깊게 듣고 환자의 상태에 대하여 솔직하게 말해 준다.
- 환자의 질환과 관련된 통증과 증상을 완화하기 위한 조치를 취한다.
- 환자에게 안정되고 쾌적한 환경을 제공해 준다.
- 질환의 진행 상황과 과정에 대하여 환자 및 가족과 상담한다.
- 환자 및 가족의 정서적 반응을 면밀히 관찰 조사하며 정서적 공감대를 형성함으로써 원활한 의사소통을 꾀한다.

- 환자와 가족의 간호에 대해 포괄적이고 정확한 기록을 한다.
- 환자가 질 높은 간호를 받을 수 있도록 돌본다.
- 임종과 관련된 의사결정시 환자와 가족의 권리를 보호한다.
- 호스피스와 말기 환자 간호 발전에 관한 실무, 교육 및 연구에 참여한다.
- 환자·가족·팀 구성원 간에 신뢰할 수 있고 협력적인 분위기를 만든다.
- 말기 환자의 간호를 조직·수행하며 평가함에 있어 리더의 역할을 수행한다.
- 환자와 가족들의 문화적·영적 다양성을 인정하여 개인의 가치와 편견이 효과적인 호스피스 간호 활동에 장애가 되지 않도록 예방한다.
- 환자 및 가족들에게 건강상의 조언, 교육 및 상담을 실시한다.
- 말기 환자 간호 교육 및 훈련법을 개발하고 수행하며 평가한다.

종양 전문 간호사

종양이란 인체 내에서 비정상적으로 성장하는 체세포 덩어리를 말하는 것으로, 양성 종양과 악성 종양이 있다. 그중에서 악성 종양을 암이라고 부른다. 양성 종양은 정상적인 세포로 구성되고 다른 곳으로 옮겨 다니지 않기 때문에 수술로 제거하면 치료가 될 수 있지만, 악성 종양은 비정상적인 세포로 만들어진 데다 순환계를 통하여 인체의 다른 곳으로 옮겨 다니기 때문에 일찍 발견하지 않으면 치료가 어려운 경우가 많다. 이러한 종양은 100여 종이 넘으며, 신체의 모든 부위에서 발생할 수 있다.

종양 전문 간호사는 종양 분야에 대한 전문적 지식과 임상 경험을 가지고 암환자나 그 가족들에게 포괄적인 간호를 제공하는 전문 간호사로, 2005년에 처음 법으로 제도화되었다. 2017년 현재 전국에 모두 753명이 있다. 앞으로 우리나라 인구의 3대 사망 원인 중 암에 의한 사망이 가장 높다는 것을 생각할 때 종양 전문 간호사에 대한 수요는 더욱 늘어날 것으로 보인다.

다음은 종양 전문 간호사가 하는 일이다.

- 항암요법의 필요성, 목적, 사용 약제, 투여 방법, 치료 기간과 부작용의 종류, 자가 간호, 예방법, 식생활, 운동 및 일상생활 등에 관하여 환자와 보호자에게 교육을 한다.
- 항암제 사용에 대한 동의서를 받는다.
- 약물의 용량, 투여 방법, 일정, 진토제 선택이나 수분 공급 등의 치료 계획을 확인하고 조정한다.
- 항암화학요법으로 인한 부작용을 예방하고 부작용을 조기 발견하기 위해 노력하고 대처한다.
- 항암제의 보험 적용 여부를 평가하고 확인한다.

- 외래 환자에게 항암제를 투여하는 경우 항암제 및 진토제, 퇴원약 처방을 확인하고 입력한 후 전반적인 환자 상태를 파악하여 투약과 용량을 조정한다.
- 항암제 투약 용량과 투약 일정, 검사 일정, 보험 적용 문제 등을 확인하고 필요한 경우 조정한다.
- 특수 약물 주입 기구를 사용하는 경우 환자에게 교육하고, 조제와 관련된 정보를 조제부에 전달한다.
- 혈액종양 병동 간호사를 위한 교육 프로그램을 운영한다.
- 암환자의 효율적 간호와 간호의 일률성 확보를 위하여 암 치료에 관한 새로운 연구 결과를 바탕으로 의료진과 병동 간호사들의 의견을 수렴, 암환자 관리 지침서를 제정하여 보급한다.
- 종양에 관한 각종 임상 연구에 참여한다.
- 병동에 근무하는 간호사나 의료진으로부터 암환자에 대한

치료나 간호에 관한 문의에 응하며, 정보의 교환 및 정책 개발 등에 자문한다.
- 암 등록 사업에 참여하여 환자에 대한 정보를 입력한다.

임상 전문 간호사

의료 기술의 발달과 더불어 의료 서비스에 대한 환자들의 요구 또한 높아졌다. 병원에서는 환자들의 이러한 요구에 대처하기 위하여 간호사 중심의 보다 전문적이고 보다 향상된 의료 서비스를 제공하는 것이 경제적이고 효율적이라고 판단하여 자체적으로 전문 간호사를 양성하여 운영하고 있다.

이러한 움직임은 결국 1973년 분야별 간호원이라는 이름의 전문 간호사 제도로 의료계의 공인을 받게 되었다. 이 분야별 간호원은 2000년 전문 간호사로 명칭이 바뀌고, 2003년과 2005년을 거치면서 오늘날 13개 분야의 전문 간호사 제도로 정착되었다.

그러나 아직 우리나라의 전문 간호사 제도는 초보적인 단계라서 계속 연구하고 정립해 나가야 할 점들이 많다.

2005년에 처음 생긴 임상 전문 간호사 역시 아직 그 개념이 모호한 부분이 많이 있다. 전문 간호사를 일반적으로 부를 때 사용하는 경우도 많다. 즉 마취 전문 간호사, 감염관리 전문 간호사, 응급 전문 간호사, 종양 전문 간호사 등을 모두 임상 전문 간호사라고 하는 것이다.

그런데 이는 잘못된 것이다. 임상 전문 간호사는, 앞에서 예로 든 전문 간호사들이 특수 의료 분야에 대한 전문 지식과 기술을 적용하는 것과 달리 병원 간호의 일반 분야, 즉 심장·호흡기 계통, 소화기 계통, 신경·근골격 계통, 비뇨·생식계 및 내분비 계통 등의 분야에서 전문적인 지식과 간호 기술을 가지고 활동하는 간호사를 말한다. 좀 더 쉽게 말하면 우리가 병원에서 마주치는 일반 간호사와 같은 활동을 하지만 일반 간호사들보다 간호 경험이 많으며 보다 전문적인 의료 지식을 갖추고 환자들에게 질 높은 간호 서비스를 제공하는 간호사라 생각하면 된다. 즉 고급 간호사라 할 수 있다. 따라서 일반 간호사들보다는 하는 일이 보다 전문적이고 업무에 대한 자율성 또한 높다.

그러나 현실적으로는 의사의 업무와 관련되는 부분도 있어서 우리나라에서 임상 전문 간호사의 업무 영역은 명확하지 않을 뿐만 아니라 다른 전문 간호사와 달리 그 전문성을 발휘할 의료 환경이 제대로 갖추어져 있지 않다고 하겠다.

임상 전문 간호사가 하는 일은 대체로 일반 간호사의 업무 영역과 같다.

- 환자나 가족의 이야기를 듣고 간호적 판단을 하며 간호 계획을 세우고, 환자의 상태에 따라 치료 계획을 조정한다.
- 환자와 관련된 정보를 일반 간호사나 의사 및 관련 직원에

게 제공한다.

- 환자 분류 및 환자와 관련된 의무기록을 작성한다.
- 의사의 회진을 준비하고 참여한다.
- 진단을 위한 Lab, 심전도, X-ray 등의 검사를 처방하고 결과를 해독한다.
- 환자의 치료 과정에 참여한다.
- 환자의 상태 변화에 대한 정보에 따라 간단한 약물 투여, 계속 주입하는 정맥 주사용 약물의 용량을 조절 처방한다.
- 특수 도관의 압력을 모니터하거나 관리한다.
- 호흡기나 심전도 심박출량 측정기 등 특수 기계를 환자의 상태에 맞게 조절하도록 지시한다.
- 상처 부위 및 수술 부위에 대한 무균적 드레싱을 한다.
- 환자의 갑작스런 상태 변화에 대하여 기도 삽관, 응급 약물 처방 등의 응급조치를 취한다.
- 특수 처치나 검사에 대한 의사의 자문을 받아 환자에게 정확한 정보를 제공한다.
- 간호과 학생 및 교육이 필요한 간호사들에게 임상지도자 또는 프리셉터 역할을 한다.
- 일반 간호사의 자문에 응한다.
- 수술 환자의 수술 전 교육과 수술 후 교육을 실시한다.

아동 전문 간호사

아동 간호는 성장 발달 중에 있는 아동의 건강 문제와 관련하여 아동의 건강을 유지·증진하고 최적의 성장과 발달을 하도록 의료 서비스를 제공하는 것이다. 대상이 아동이라서 일반 성인 환자와는 다른 정서적·심리적 특성이 있다고 할 수 있다.

아동들은 일반적으로 병원 환경에 적응하기 어렵고, 부모와 떨어져 독립적으로 의료와 관련된 판단을 할 수가 없다. 그래서 아동 간호에는 부모의 참여가 어느 정도 인정된다는 것이 그 특성 중하나라고 할 수 있다.

아동 전문 간호사는 간호학적 지식은 물론 아동 발달 과정이나 발달심리에 관한 지식을 가지고 간호 과정에서 건강 문제 발견자로서의 역할, 치료자로서의 역할, 연구자로서의 역할, 건강 교육 및 상담자로서의 역할, 아동과 가족의 권리 옹호자로서의 역할, 가정 협력자로서의 역할, 건강증진 촉진자 및 건강관리 정책 입안자로서의 역할을 수행한다.

- 아동 환자의 의무기록에서 정보를 수집한다.
- 음식물 섭취량을 조사한다.
- 아동 환자의 호소를 듣고 증상을 관찰한다.
- 환자의 생리적 상태 및 변화를 관찰한다.
- 아동 환자의 의식 상태를 관찰한다.

- 아동 환자와 가족을 간호 계획에 포함시킨다.
- 아동 환자의 신체 손상을 가져올 요인을 제거한다.
- 의사나 간호사에 대한 아동의 두려움을 제거한다.
- 아동과 환자 가족에게 검사와 치료에 대해 설명한다.
- 아동의 체온·맥박 등을 측정하고 신체검진을 한다.
- 아동의 체표 면적을 기준으로 하여 약 용량을 조정한다.
- 호흡기 감염시 폐를 환기시키고 흡인 기구를 이용하여 분비물을 제거한다.
- 치료 및 간호에 협조하는 아동 환자를 칭찬한다.
- 힘든 검사나 치료를 받은 후 아동을 위로한다.
- 산소요법을 적용하고 아동의 호흡 상태를 관찰한다.
- 아동 간호 교육 및 훈련법들을 개발하고 수행하며 평가한다.

3

보건소와 간호사

　　병원이 아프거나 다친 환자를 치료하는 기관이라면 보건소
는 일반 시민의 건강을 위하여 질병의 발생을 사전에 예방하는 기
관이다. 물론 보건소는 환자들에 대한 1차적 진료를 하고 처방도
한다. 하지만 보건소는 병원이나 치과처럼 의료기관이 아니다. 다
만 예외적으로 환자를 진찰하고 치료할 수 있도록 법으로 규정해
놓았을 뿐이다. 그래서 보건소의 주된 임무는 시민의 건강증진에
관한 정책을 집행하고 질병 예방 활동을 하는 것이라 하겠다.

　　이러한 보건소에서 일하는 사람들은 모두 공무원으로 행정
직 공무원, 보건직 공무원, 간호직 공무원 등이 있다. 간호사는 바
로 간호직 공무원으로 보건소에서 담당 분야의 일을 한다.

　　그래서 기본적으로 병원의 간호사처럼 환자를 돌보는 임상 간호도 하지만, 지역보건법에서 정해 놓은 여러 가지 국가 및 지방 자치단체의 보건사업에 관한 일도 한다.

　　보건소 중에서 규모가 아주 큰 것은 보건의료원, 보통 규모는 보건소, 그리고 보건소보다 작은 규모의 것을 보건지소라고 한다. 이 모두 보건소의 성격을 가지고 있다. 그런데 보건진료소는 보건소와 성격이 약간 다르다. '농어촌 등 보건의료를 위한 특별조치법'에 의해 의료 시설이 없는 농촌, 산골 또는 섬 지역의 주민들에게 간단한 의료 혜택을 주기 위해 예외적으로 만든 보건 및 의료 시설이다. 말하자면 병원과 보건소의 중간 형태인 셈이다.

　　따라서 보건진료소에는 의사가 없고 임용된 보건진료원이 일정 기간(24주) 직무교육을 받은 후, 직원을 데리고 소장 역할을 한다. 간호사나 조산사 자격증을 가지고 있으면 보건진료원이 될 수 있다. 이들은 의사 대신 의료 행위를 하지만 의사가 아니기 때문에 전문적인 진료는 할 수 없다. 간단하고 긴급한 의료 행위만 할 수 있다. 보건진료소에 근무하는 보건진료원은 2011년부터 보건진료직 공무원으로 신분이 별정직에서 일반직으로 바뀌었다.

간호사나 조산사가 보건진료소를 맡아 운영할 경우에는 정해진 지역 안에서만 의료 활동을 할 수 있다. 그 지역을 벗어나서는 절대 의료 행위를 할 수 없다. 또한 보건진료원으로 일하는 동안에는 임명된 관할 지역을 중심으로 하는 일상 생활권 내에서 살아야 하고, 이 지역을 벗어나거나 다른 지역에서 출퇴근할 수 없다.

2017년 보건소 · 보건지소 · 보건진료소 현황

(단위:개)

보건소	보건지소	보건진료소	합계
254	1,332	1,905	3,491

* 보건소에는 보건의료원이 포함된 숫자   〈자료 : 2018 보건복지통계연보, 보건복지부, 2018〉

보건진료원의 업무 내용

1 보건진료원의 의료행위 범위
- 상병 상태를 판별하기 위한 진찰 · 검사 행위
- 외상 등 흔히 볼 수 있는 환자의 치료 및 응급을 요하는 환자에 대한 응급처치

- 상병의 악화 방지를 위한 처치
- 만성병 환자의 요양 지도 및 관리
- 정상 분만시의 개조 및 가족계획을 위한 피임 기구의 삽입
- 제1호 내지 제7호의 의료 행위에 따르는 의약품의 투여

2 **의료 행위 외의 업무**

- 환경 위생 및 영양 개선에 관한 업무
- 질병 예방에 관한 업무
- 가족계획을 포함한 모자보건에 관한 업무
- 주민의 건강에 관한 업무를 담당하는 자에 대한 교육 및 지도에 관한 업무
- 기타 주민의 건강 증진에 관한 업무

3 보건진료원이 위의 의료 행위를 할 때에는 보건복지부 장관이 정하는 환자 진료 지침을 따라야 한다.

2015년 보건소 · 보건지소 · 보건진료소 근무 간호사와 간호조무사 수

(단위:명)

구분	간호사	간호조무사	보건진료원
보건소	3,701	835	0
보건지소	894	983	0
보건진료소	1,838	-	1,876
합계	6,433	1,818	1,876

〈자료 : 2016 보건복지통계연보, 보건복지부, 2016〉

지역보건법

제7조 (보건소의 설치)

보건소(보건의료원을 포함한다. 이하 같다)의 설치는 대통령령이 정하는 기준에 따라 당해 지방자치단체의 조례로 정한다.

제8조 (보건의료원)

① 보건소 중 의료법 제3조 제4항의 규정에 의한 병원의 요건을 갖춘 보건소는 보건의료원이라는 명칭을 사용할 수 있다.

제9조 (보건소의 업무)

보건소는 당해 지방자치단체의 관할구역 안에서 행하여지는 다음 각 호의 사항을 관장한다.

1. 국민건강증진 · 보건교육 · 구강 건강 및 영양 개선 사업
2. 전염병의 예방 · 관리 및 진료
3. 모자보건 및 가족계획사업
4. 노인보건사업
5. 공중위생 및 식품위생
6. 의료인 및 의료기관에 대한 지도 등에 관한 사항
7. 의료기사 · 의무기록사 및 안경사에 대한 지도 등에 관한 사항
8. 응급의료에 관한 사항
9. 농어촌 등 보건의료를 위한 특별조치법에 의한 공중보건의사 · 보건진료원 및 보건진료소에 대한 지도 등에 관한 사항
10. 약사에 관한 사항과 마약 · 향정신성의약품의 관리에 관한 사항
11. 정신보건에 관한 사항

12. 가정 · 사회복지시설 등을 방문하여 행하는 보건의료사업

13. 지역주민에 대한 진료, 건강진단 및 만성퇴행성질환 등의 질병관리에 관한 사항

14. 보건에 관한 실험 또는 검사에 관한 사항

15. 장애인의 재활사업, 기타 보건복지가족부령이 정하는 사회복지사업

16. 기타 지역주민의 보건의료의 향상 · 증진 및 이를 위한 연구 등에 관한 사업

제10조(보건지소의 설치)

지방자치단체는 보건소의 업무 수행을 위하여 필요하다고 인정하는 때에는 대통령령이 정하는 기준에 따라 당해 지방자치단체의 조례로 보건소의 지소(이하 '보건지소'라 한다)를 설치할 수 있다.

제14조(수수료 등)

① 보건소는 그 시설을 이용한 자, 실험 또는 검사를 의뢰한 자 또는 진료를 받은 자로부터 수수료 또는 진료비를 징수할 수 있다.

② 제1항의 규정에 의한 수수료와 진료비는 보건복지가족부령이 정하는 기준에 따라 당해 지방자치단체의 조례로 정한다.

제22조(의료법에 대한 특례)

제8조의 규정에 의한 보건의료원은 의료법 제3조 제4항의 규정에 의한 병원 또는 동조 제6항의 규정에 의한 치과의원 또는 한의원으로 보고, 보건소 및 보건지소는 동조 제6항의 규정에 의한 의원 · 치과의원 또는 한의원으로 본다.

지역보건법 시행령

제7조 (보건소의 설치)

① 법 제7조의 규정에 의하여 보건소(보건의료원을 포함한다. 이하 같다)는 시(구가 설치되지 아니한 시를 말한다)·군·구별로 1개소씩 설치한다. 다만, 시장·군수·구청장이 지역주민의 보건의료를 위하여 특히 필요하다고 인정하는 경우에는 필요한 지역에 보건소를 추가로 설치·운영할 수 있다.

제11조 (보건소장)

② 보건소에 보건소장(보건의료원의 경우에는 원장을 말한다. 이하 같다) 1인을 두되, 보건소장은 의사의 면허를 가진 자 중에서 시장·군수·구청장이 임용한다. 다만, 의사의 면허를 가진 자로서 보건소장을 충원하기 곤란한 경우에는 지방공무원 임용령 별표 1에 의한 보건의무직군의 공무원을 보건소장으로 임용할 수 있다.

③ 시장·군수·구청장은 제1항 단서의 규정에 의하여 보건의무직군의 공무원을 보건소장으로 임용하고자 하는 경우에는 당해 보건소에서 실제로 행하는 업무의 직렬의 공무원으로서 보건소장에 임용되기 이전 최근 5년 이상 근무한 경험이 있는 자 중에서 임용하여야 한다.

지역보건법 시행규칙

제9조의 2 (수수료 등)

법 제14조 제2항의 규정에 의하여 보건소에서 징수하는 수수료와 진료비는 '국민건강보험법' 제42조 제4항의 규정에 의하여 보건복지가족부 장관이 고시하는 요양급여 비용 내역의 기준에 따라 지방자치단체의 조례로 정한다.

농어촌 등 보건의료를 위한 특별조치법

제15조 (보건진료소의 설치 · 운영)

① 시장(도농복합 형태의 시의 시장을 말하며, 읍 · 면 지역에서 보건진료소를 설치 · 운영하는 경우에 한한다) · 군수는 의료 취약 지역의 주민에 대한 보건의료를 행하게 하기 위하여 보건진료소를 설치 · 운영한다. 다만, 시 · 구의 관할구역 안의 도서 지역에는 당해 시장 · 구청장이 보건진료소를 설치 · 운영할 수 있으며, 군 지역에 있는 보건진료소의 행정 구역이 행정 구역의 변경에 의하여 시 또는 구 지역으로 편입된 때에는 보건복지가족부 장관이 정하는 바에 의하여 당해 시장 또는 구청장이 보건진료소를 계속 운영할 수 있다.

② 보건진료소에 보건진료원과 필요한 직원을 둔다.

③ 보건진료소의 설치 기준은 보건복지가족부령으로 정한다.

제16조 (보건진료원의 자격)

① 보건진료원은 간호사 · 조산사, 기타 대통령령이 정하는 자격을 가진 자로서 보건복지가족부 장관이 실시하는 24주 이상의 직무교육을 받은 자이어야 한다.

② 제1항의 직무교육에 관하여 필요한 사항은 보건복지가족부령으로 정한다.

제17조(보건진료원의 신분 및 임용)

① 보건진료원은 지방공무원으로 하며, 보건소장의 추천을 받아 시장 · 군수 또는 구청장이 근무 지역을 지정하여 임용한다.

PART 3

간호사가 되는길

간호사가 되기 위해서는 대학이나 전문대학에서 간호학과를 졸업하고 국가에서 시행하는 간호사 면허 시험에 합격해야 한다. 그리고 보건복지가족부 장관이 인정하는 외국의 대학이나 전문대학에서 간호학과를 졸업하고 외국의 간호사 면허를 받은 자는 다시 우리나라 간호사 면허 시험에 합격해야 한다. 병원에 근무하는 것이 적성에 맞지 않은 경우, 대학원에 진학해서 계속 공부하여 연구소 연구원이나 대학 교수로 나아가도 된다.

1

일반 간호사가 되는 과정

　전문직에 속하며 높은 보수를 받고 취직하기 용이한 직업이 간호사이다. 특히 선진국에서는 간호사에 대한 평이 갈수록 좋아지고 있는 데 반해 간호사 인력은 부족한 실정이라서 외국인이 취업하기 좋은 직업이다.

　이러한 간호사를 지망하기 위해서 특별한 능력이 요구되는 것은 아니다. 다만 환자를 따뜻하게 대하고, 그들의 마음을 편안하게 해주며, 하루빨리 건강한 사람이 되도록 도와주기 위하여 환자를 사랑하는 마음과 상냥한 말솜씨, 그리고 높은 주의력만 있으면 누구나 될 수 있다. 정신적으로뿐만 아니라 육체적으로도 활동량이 많은 직업인 만큼 체력이 튼튼하면 더욱 좋다.

또한 간호 업무는 혼자서도 하지만 대체로 팀으로 활동하는 경우가 많기 때문에 동료들과 잘 어울리는 원만한 성격을 갖고 있다면 간호사가 될 능력이 충분하다고 할 것이다.

간호사 양성기관

오늘날 우리나라에서 간호사가 되기 위해서는 대학이나 전문대학에서 간호학과를 졸업하고 국가에서 시행하는 간호사 면허시험에 합격해야 한다. 그리고 보건복지가족부 장관이 인정하는 외국의 대학이나 전문대학에서 간호학과를 졸업하고 외국의 간호사 면허를 받은 자는 다시 우리나라 간호사 면허시험에 합격해야 우리나라에서 간호사가 될 수 있다. 여기에서는 우리나라 대학과 전문대학에 대해서만 이야기하기로 한다.

1 전문대학 간호과

3년제 또는 4년제로 전국에 68개교(학교명은 '주요 참고자료' 참조)가 있다. 전문대학은 일반적으로 2년 동안 공부하지만, 간호학과는 배우는 과목이 많아서 3년 또는 4년을 공부해야 졸업할 수 있다. 졸업 후 간호사 면허시험에 합격하면 4년제 대학을 졸업한 간호사와 똑같은 간호사 자격이 주어진다. 즉, 간호사로서 활동하는 데에는 일반대학 졸업자나 전문대 졸업자나 차이가 없다. 4년제 대학과 마찬가지로 재학 중 교직과목을 함께 공부하면 졸업 후 간호사 시험에 합격했을 때 보건교사(2급) 자격증을 얻어 학교 선생님으로 취직할 수도 있다.

게다가 전문대학 3년제 간호과를 나오면 일반 4년제 대학보다 1년 빨리 일할 수 있다는 장점이 있다. 그러나 전문대학이기 때문에 간호학사 학위를 받지 못하며, 대학원에 진학하여 공부를 계속할 수 없다는 것이 불리한 점이라 할 수 있다. 간호학사 학위를 받거나 대학원에 진학하려면 일반대학에 편입(간호학사 학위 특별과정 : RN-BSN)하여 2년 동안 공부를 더 해야 한다. 그러면 학사학위도 받을 수 있고 대학원에 진학할 수도 있다. 현실적으로 상당수의 전문대 졸업 간호사들이 직장에 다니면서 일반대학 간호학과에 편입하여 공부를 하고 있다.

그런데 사실 힘든 병원 일을 하면서 대학 공부를 같이 한다는 것은 많이 힘들며, 학교에 다닐 시간도 충분하지 않은 경우가 많다. 그래서 대다수의 경우 RN-BSN 과정은 야간에 개설되어 있으며, 그것도 매일 다니는 것이 아니고 보통 1주일에 2일 정도 수업하도록 되어 있다.

이밖에 한국방송통신대학교 간호학과 3학년에 편입하여 다닐 수도 있다. 한국방송통신대학교를 졸업해도 일반대학을 졸업한 것과 똑같은 자격을 인정해 준다. 경제적으로 힘든 경우에는 이와 같은 진로도 한번 생각해 볼 만하다.

RN-BSN이란?

일반대학 3학년 편입과 달리 3년제 전문대학을 졸업한 간호사가 간호학사 학위를 취득할 수 있도록 4년제 대학에 개설한 특별교육과정(2년 과정)이다.

- 매 학기 출석 수업은 보통 주당 2일간 16주 동안 야간 수업으로 진행되며, 각 과목은 출석 수업과 자율학습으로 이루어진다.
- 2년(4학기)에 걸쳐 총 64학점 이수 후 간호학사 학위를 취득한다.

과정 개설 대학

연세대, 경북대, 순천향대, 대전대, 공주대, 관동대, 부산가톨릭대, 조선대, 경희대, 아주대, 한양대, 건양대, 우석대, 삼육대, 목포가톨릭대, 대구가톨릭대, 가톨릭대, 계명대, 포천중문의과대, 인제대, 한림대, 한서대.

* 한국방송통신대학교 간호학과는 RN-BSN 과정으로 1·2학년은 없고 3·4학년만 편입 모집함(간호학과 편입 정원 2,500명).

---

2 **일반대학 간호학과**

4년제로 전국 112개교(학교명은 '주요 참고자료'를 볼 것)가 있다. 주로 간호대학이나 의과대학에 개설되어 있다. 4년 동안 간호학 및 교양과목을 공부하고 졸업 후 간호사 면허시험에 합격하면 간호사가 된다. 일반대학 간호학과를 다니면 전문대 간호과를 다니는 것보다는 시간적으로 좀 여유가 있지만 다른 학과에 비하여 역시 공부해야 하는 과목이 많아 바쁘다. 재학 중 교직과목을 같이 듣고 졸업 후 간호사 시험에 합격하면 보건교사(2급) 자격증도 동시에 받아 학교 선생님이 될 수 있다.

졸업 후 병원에 근무하는 것이 적성에 맞지 않은 경우, 대학원에 진학해서 계속 공부하여 연구소 연구원이나 대학 교수로 나아가도 된다.

요즈음은 대학의 간호학과도 간호의 전문화라는 시대적 흐름을 따라 아직 일부이긴 하지만 세분화되는 경향이 있다. 즉 예전에는 그냥 간호학과였지만, 지금은 가족건강관리학과·임상간호과학과·간호환경시스템학과 등과 같은 명칭으로 바뀐 대학도 있다. 하지만 아직까지 간호학과의 범주를 벗어나지 못하고 있다.

간호사 교육과정

1 3년제 전문대학(예시 : 대학마다 다름)

- **1학년**
  대학생활 설계, 철학개론, 사회학개론, 교육심리학, 전문직 예절, 컴퓨터 활용, TOEIC, 인체구조와 기능, 간호학 개론, 기본 간호학(1), 기본 간호학 실습(1), 리더십, 의사소통론, 미생물학, 간호 실무용어, 교육학 개론, 교육철학 및 교육사,

기본 간호학(2), 기본 간호학 실습(2), 성인 간호(1), 병태생리학, 간호정보학, 한방학개론, 식이요법과 간호.

- **2학년**

  사회봉사, 성인간호학(2), 모성간호학(1), 아동간호학(1), 지역사회 간호학(1), 정신간호학(1), 임상실습(1), 간호과정, 약리학, 건강사정, 진로탐색, 교육방법 및 교육공학, 성인간호학(3), 모성간호학(2), 아동간호학(2), 지역사회 간호학(2), 정신간호학(2), 임상실습(2), 간호윤리, 학교보건, 비판적 사고와 간호.

- **3학년**

  교육사회학, 교육실습, 성인간호학(4), 모성간호학(3), 아동간호학(3), 지역사회간호학(3), 정신간호학(3), 간호관리학, 임상실습(3), 노인간호학, 대체요법과 간호, 임상실습(4), 졸업과제, 보건의료법규, 응급간호학.

2 | 4년제 일반 대학(예시 : 대학마다 차이가 있음)

- **1학년**

  말과 글, 교육학개론, 과학기술의 철학적 이해, 간호사, 간호학개론, 여성건강간호학, 리더십, 교육심리학, 일반생물학, 실용영어회화 1, 디지털 정보의 이해와 활용, 해부학 및 실습, 간호와 직업, 간호 이슈와 비평적 사고.

- **2학년**

  한의학개론, 교육사회학 , 생리학 및 실습, 기본간호학 및 실습 1, 아동발달과 건강, 의사소통론, 경락이론 및 실습, 간호정책, 교육철학 및 교육사, 미생물학 및 실습, 생화학 및 실습, 약리학 및 실습, 병리학 및 실습, 간호윤리, 기본간호학 및 실습 2, 출산기가족의 간호, 성인간호개론, 지역중심 간호과학 1.

- **3학년**

  간호정보학, 출산기 건강장애와 간호, 성인건강 간호중재론 1, 임상실습 1, 아동건강문제와 가족간호 1, 응급간호학, 지역중심 간호과학 2, 학교중심간호과학, 심리사회간호, 임상실습2, 보건교육, 성인건강 간호중재론 2, 여성의 부인과적 장애와 간호, 정신건강 간호중재, 아동건강 문제와 가족간호 2.

- **4학년**

  중환자 간호, 영유아기 가족 간호, 지역사회 정신간호, 임상실습 3, 간호관리학 1, 간호 연구, 만성질환자 간호, 산업중심 간호과학, 교육과정 및 평가, 교육행정 및 경영, 교육방법 및 공학, 호스피스 간호, 임상실습 4, 노인간호학, 간호관리학 2, 보건의료법규, 임상종합평가(PBL), 전공종합평가.

간호사 국가고시

간호사가 되고자 하는 사람은 대학이나 전문대학에서 간호학을 공부하고 졸업에 필요한 성적을 취득한 후 한국보건의료인 국가시험원이 주관하는 시험에 응시하여야 한다.

1. **시험 과목**

   기본간호학, 성인간호학, 모성간호학, 아동간호학, 지역사회 간호학, 정신간호학, 간호관리 학 및 보건의약관계 법규.

2. **시험 방법(필기)**

   객관식 5지선다형

3. **합격자 결정**

   전 과목 총점의 60% 이상, 매 과목 40% 이상을 득점한 자.

간호사 면허시험 응시자 및 합격자 수

(단위:명,%)

연도	접수자	응시자	합격자	합격률
2004	12,220	12,025	10,739	89.3
2010	12,886	12,738	11,857	93.1
2015	16,436	16,285	15,743	96.7
2017	20,356	20,196	19,473	96.4
2019	21,511	21,391	20,615	96.4

2

프리셉터십(수습) 과정

　　간호사가 되기 위하여 대학에서 간호학을 공부하고 실습도 하지만 직접 병원에서 간호사로 근무하는 것과는 여러 가지로 다르다. 그래서 대학을 졸업하고 처음 간호사로 일하는 경우, 병원 업무를 수행하는 데 많이 서툴 뿐 아니라 그 때문에 스트레스를 많이 받아서 간혹 간호사를 포기하는 사례까지 있다고 한다.

　　그래서 신규 간호사들이 병원 업무에 신속하게 무리 없이 잘 적응할 수 있도록 병원 일에 익숙한 간호사가 1:1로 일정 기간 실무교육을 시키는데, 이를 프리셉터십이라고 한다. 이러한 제도가 우리나라에 본격적으로 도입된 것은 1997년으로, 신규 간호사의 소속감 형성, 다른 간호사와의 협력 및 실제 임상 수행 능력

향상에 많은 도움이 되는 것으로 나타나고 있다.

프리셉터십에서 신규 간호사를 지도해 주는 경력 간호사를 프리셉터라고 하는데, 이들은 보통 3~4년 이상의 경력이 있고 프리셉터가 되기 위하여 일정 기간 교육을 받는다. 프리셉터는 자신이 맡은 신규 간호사(프리셉티) 1명을 1~2개월 데리고 다니면서 병원 업무와 간호 실무를 지도 조언해 주고 병원 근무자들과의 인간관계 형성을 도와준다. 프리셉터십 기간은 병원마다 달라서 어떤 곳에서는 3주 하고, 어떤 병원에서는 두 달 넘게 하기도 한다.

일반적으로 처음 채용된 간호사는 하는데 3개월 동안 가장 많은 변화를 겪고, 또 적응하는 데 힘이 든다고 한다. 신규 간호사가 어느 정도 병원 업무와 간호 실무에 익숙해져 제 역량을 발휘하려면 적어도 1년 이상 걸린다는 것이 경험자들의 이야기이다. 프리셉터십 프로그램이 도입되기 전에는 병원에서 신규 간호사 오리엔테이션을 실시하였으며, 지금도 그런 병원이 많이 있다.

3
전문 간호사가 되는 과정

전문 간호사가 되기 위해서는 다음과 같은 자격을 갖추고 절차를 거쳐야 한다.

1 자격과 절차

- 간호사 면허를 가지고 있어야 한다.
- 교육을 받기 전 10년 이내에 법이 정한 해당 분야 실무기관에서 3년 이상 간호사로 일한 경력이 있어야 한다(해당 분야의 실무기관에는 어떤 종류가 있는지 알고 싶으면 주요 참고자료 중 '전문 간호사 실무 경력 기관' 참조).

- 보건복지부 장관이 지정하는 전문 간호사 교육기관에서 2년 이상 교육을 받아야 한다.
- 한국간호교육평가원에서 실시하는 분야별 전문 간호사 자격시험에 응시하여 합격하여야 한다.

2 전문 분야

보건 전문, 마취 전문, 정신 전문, 가정 전문, 감염관리 전문, 산업 전문, 응급 전문, 노인 전문, 중환자 전문, 호스피스 전문, 종양 전문, 임상 전문, 아동 전문.

3 교육기관

2019년 분야별 전문 간호사 교육기관 현황 : 총 36개 교육기관, 정원 672명.

- **마취(1개교, 8명)**
  가천대학교 간호대학원(8명).

- **정신(9개교, 52명)**
  경북대학교 일반대학원(5명), 계명대학교 일반대학원(5명), 대구가톨릭대학교 보건과학대학원(5명), 부산대학교 일반대학원(5명), 을지대학교 임상간호대학원(5명), 이화여자대학교 일반대학원(10명), 인제대학교 일반대학원(5명), 충남대학교 일반대학원(5명), 한양대학교 임상간호정보대학원(7명).

- **가정(5개교, 37명)**
가톨릭대학교 임상간호대학원(10명), 남서울대학교 일반대학원(5명), 성균관대학교 임상간호대학원(10명), 대전대학교 일반대학원(7명), 우석대학교 일반대학원(5명).

- **감염관리(6개교, 60명)**
가천대학교 간호대학원(5명), 가톨릭대학교 임상간호대학원(15명), 건양대학교 일반대학원(10명), 부산대학교 일반대학원(5명), 울산대학교 산업대학원(15명), 한림대학교 간호대학원(10명).

- **산업(1개교, 10명)**
가톨릭대학교 보건대학원(10명).

- **응급(4개교, 26명)**
가천대학교 간호대학원(4명), 아주대학교 일반대학원(10명), 울산대학교 산업대학원(7명), 인제대학교 일반대학원(5명).

■ 노인(25개교, 210명)

가천대학교 간호대학원(5명), 건양대학교 일반대학원(5명), 경북대학교 일반대학원(5명), 경상대학교 일반대학원(5명), 경희대학교 일반대학원(10명), 계명대학교 일반대학원(10명), 고려대학교 일반대학원(10명), 고신대학교 일반대학원(10명), 단국대학교 보건복지대학원(10명), 대구가톨릭대학교 보건과학대학원(10명), 동의대학교 일반대학원(10명), 부산가톨릭대학교 일반대학원(10명), 부산대학교 일반대학원(5명), 삼육대학교 임상간호대학원(10명), 성신여자대학교 일반대학원(10명), 아주대학교 일반대학원(10명), 연세대학교 간호대학원(10명), 을지대학교 임상간호대학원(10명), 이화여자대학교 일반대학원(10명), 인제대학교 일반대학원(10명), 인하대학교 일반대학원(5명), 중앙대학교 건강간호대학원(10명), 충남대학교 일반대학원(5명), 한림대학교 간호대학원(5명), 한양대학교 임상간호정보대학원(10명).

■ 중환자(7개교, 50명)

동아대학교 일반대학원(5명), 부산대학교 일반대학원(5명), 성균관대학교 임상간호대학원(10명), 연세대학교 원주의과대학 일반대학원(10명), 울산대학교 산업대학원(10명), 인제대학교 일반대학원(5명), 충남대학교 일반대학원(5명).

- 호스피스(10개교, 75명)

  가톨릭대학교 임상간호대학원(10명), 경북대학교 일반대학원(5명), 계명대학교 일반대학원(5명), 고신대학교 일반대학원(5명), 대구가톨릭대학교 보건과학대학원(5명), 부산가톨릭대학교 일반대학원(10명), 이화여자대학교 임상보건융합대학원(5명), 창신대학교 일반대학원(15명), 충남대학교 일반대학원(5명), 한양대학교 임상간호정보대학원(10명).

- 종양(10개교, 84명)

  가천대학교 간호대학원(5명), 가톨릭대학교 임상간호대학원(10명), 건양대학교 일반대학원(5명), 계명대학교 일반대학원(7명), 고신대학교 일반대학원(10명), 삼육대학교 임상간호대학원(7명), 성균관대학교 임상간호대학원(10명), 연세대학교 간호대학원(10명), 울산대학교 산업대학원(10명), 중앙대학교 건강간호대학원(10명).

- 임상(5개교, 50명)

  고려대학교 일반대학원(5명), 아주대학교 일반대학원(10명), 이화여자대학교 일반대학원(10명), 연세대학교 간호대학원(10명), 한림대학교 임상간호대학원(15명).

- 아동(1개교, 10명)

연세대학교 간호대학원(10명).

- **1차 시험**
  - 객관식 5지선다형 150문제
  - 시험 내용 : 전문가적 간호실무 제공, 교육 및 상담, 연구, 리더십, 자문 및 협동
- **2차 시험**
  - 실기 및 주관식
  - 시험 내용 : 각 분야별 특성에 따라 조정.
- **합격**

  1차 시험과 2차 시험에서 각각 총점의 60% 이상 득점한 자.

  * 분야별 자격시험에 관한 자세한 내용은 한국 간호교육평가원 홈페이지를 참조할 것.

PART 4

간호사 외의
다른 직업

간호사는 간호 활동 말고도 다른 직업을 가질 수 있다. 보건교사, 조산사, 소방공무원, 간호직이나 보건진료직 공무원이 될 수도 있고 언더라이터, 장기요양기관의 간호요원, 산후조리원 운영 또는 취업, 노인의료복지시설의 장 또는 직원, 어린이집 원장 또는 직원 등도 할 수 있다. 그중에서 보건교사는 초·중·고등학교 및 특수학교 등의 보건실에 근무하면서 학생들의 신체검사와 각종 질병의 예방 및 보건지도, 교실 환경 위생 상태 관리, 예방접종, 교내 사고시 응급처치, 건강기록부 작성 등의 일을 한다.

1 보건교사

3년제 전문대학이나 4년제 일반대학 또는 산업대학 간호학과에 입학하여 전공과목(간호학)과 교직과목(선생님이 되는데 필요한 공부)을 이수하고 졸업한 뒤, 간호사 국가시험에 합격하면 간호사 면허증과 함께 2급 보건교사 자격증을 받는다. 그다음 각 시·도 교육청별로 실시하는 보건교사 임용고시에 합격하면 공립 초·중·고등학교의 보건교사가 된다. 사립학교에 근무하고 싶다면 원하는 사립학교 보건교사 채용 시험에 응시하여 합격하면 된다.

보건교사는 초등학교, 중·고등학교 및 특수학교 등의 보건실(양호실)에 근무하면서 학생들의 신체검사와 각종 질병의 예방 및 보건 지도, 교실 환경 위생 상태 관리, 예방접종, 교내 사고시 응급

보건교사의 직무 내용

- 학교 보건계획의 수립
- 학교 환경 위생의 유지 · 관리 및 개선에 관한 사항
- 학생과 교직원에 대한 건강진단의 준비와 실시에 관한 협조
- 각종 질병의 예방 처치 및 보건 지도
- 학생과 교직원의 건강 관찰과 학교 의사의 건강 상담, 건강 평가 등의 실시에 관한 협조
- 신체가 허약한 학생에 대한 보건 지도
- 보건 지도를 위한 학생 가정 방문
- 교사의 보건 교육 협조와 필요시의 보건 교육
- 보건실의 시설 · 설비 및 약품 등의 관리
- 보건 교육 자료의 수집 · 관리
- 학생건강기록부의 관리
- 다음의 의료행위(간호사 면허를 가진 사람만 해당한다)
  - ① 외상 등 흔히 볼 수 있는 환자의 치료
  - ② 응급을 요하는 자에 대한 응급처치
  - ③ 부상과 질병의 악화를 방지하기 위한 처치
  - ④ 건강진단 결과 발견된 질병자의 요양 지도 및 관리
  - ⑤ 1)부터 4)까지의 의료 행위에 따르는 의약품 투여
- 그 밖에 학교의 보건관리

– 학교보건법 시행령 제23조 3항

* 보건교사회 홈페이지 http://www.koreanhta.org

처치, 건강기록부 작성 등의 일을 하는 선생님으로, 만 62세까지 근무할 수 있다. 학교에 따라서는 1주일에 3~4시간 학생들에게 약물 오·남용 예방 교육, 금연 교육, 응급처치 교육, 비만 관리 교육, 구강 관리 교육 등을 하기도 한다.

2

조산사

조　산 : 아기 낳는 것을 도와주는 일

임　부 : 아기를 가진 여자. 임신부라고도 함.

해산부 : 방금 아기를 낳은 여자

산욕부 : 아기를 낳은 후 몸이 정상으로 돌아오기 전까지의 여자

신생아 : 갓 태어난 아기

　　아기를 가진 임산부의 출산을 돕거나 임산부와 신생아를 돌
보는 일을 하는 의료인을 조산사라고 한다. 조산사가 되면 병원과
같은 일반 의료기관에서 일할 수 있는 것은 물론, 의사가 병원을

설립하여 운영하듯이 임산부를 위한 조산원을 개인적으로 설립하여 운영할 수 있다.

'조산원'이란 조산사가 조산과 임부·해산부·산욕부 및 신생아를 대상으로 보건과 양호 지도를 하는 곳으로서, 조산에 지장이 없는 시설을 갖춘 의료기관을 말한다(의료법 제3조 제7항).

2019년 현재 전국에 26개소의 조산원이 있으며, 28명의 조산사와 6명의 간호조무사가 조산원에서 일하고 있다. 그 밖에 40여명의 조산사들이 일반 의료기관과 보건기관에서 일하고 있다. 현재 조산사 면허를 가지고 있는 사람은 모두 8,387명이다.

현행 '의료법 시행규칙'에 따르면 산부인과를 두고 있는 종합병원, 병원, 한방병원 또는 산부인과 의원에는 반드시 간호사 정원의 3분의 1 이상을 조산사로 채용하도록 되어 있다.

조산사가 되려면 간호사 면허를 가지고 보건복지가족부 장관이 인정하는 의료기관에서 1년간 조산 수습 과정을 마친 뒤 한국보건의료인국가시험원에서 실시하는 조산사 국가시험에 합격해야 한다.

1 조산사 국가시험

- 시험 방법 : 객관식 필기 시험
- 시험 과목 : 조산학(마취학 포함), 신생아 간호학, 모자보건학(가족계획 포함), 모자보건법.

- 합격 기준 : 전 과목 총점 60% 이상과 매 과목 40% 이상.

2 조산사가 하는 일

- **임신 관리**
  건강 검진, 임신부의 병력 및 가족력 조사, 임신 여부 진단, 초음파 검사, 신체검진, 골반 검진, 혈압 측정, 혈액 검사, 임상검사, 태아 건강 검사, 태동 측정, 임신부 개인 생활 교육 및 상담, 입덧 감소시키기, 변비 해소, 임신부 영양식 관리, 임신부 심리 상담 관리, 출산 준비 교육, 임신부 위험 상황 관리 등.

- **분만 관리**
  분만 준비, 분만 진행 과정 관리, 태아 건강 확인, 호흡법 교육, 근육 이완 마사지, 국소 마취, 분만 힘주기 돕기, 아기 받기, 신생아 기도에서 흡인물 제거, 탯줄 자르기, 분만 직후 신생아 성별 확인 및 보온 유지 관리, 신생아 질식시 인공호흡과 심장 마사지, 태반 배출 돕기, 출산 후 산부의 출혈 예방 및 처치 등.

- **산후 관리**
  출산 후 산모의 건강관리, 젖먹이는 법 교육, 산모의 생활에 대한 교육, 산후 체조 교육, 출산 후 신생아 능력 확인, 출산 시 발생한 상처 관리, 모유 수유와 관련된 주요 사항 교육,

산모의 영양식 관리, 산후 우울증 예방 교육 등.

■ **신생아 관리**

신생아 모성 반응 조사, 신생아 신체 검진, 신생아 배꼽 소독 관리, 신생아 목욕시키기 교육, 신생아 감염 예방, 신생아 이상 증상이나 행동 관찰, 신생아 돌보기, 신생아 인공 수유 교육, 신생아 체온 관리 등.

■ **기타**

가족계획 돕기, 조산원 운영 계획 수립과 관리, 조산원의 인력·물품·식품 및 환경 관리, 문서 관리, 응급 관리, 의료보험료 청구, 임산부와 신생아에 대한 건강기록부 작성, 출생증명서 발급, 자기 계발 등.

＊ 보다 자세한 정보가 필요하면 한국보건의료인국가시험원에서 만든 『조산사 직무』 또는 대한조산협회에서 작성한 『한국 조산사의 기본적인 조산업무를 위한 핵심 능력』 참조.

3 조산원의 수 26곳

조산사 국가시험 합격자 수

(단위:명,%)

연도	응시자	합격자	합격률
2008	26	24	92.3
2012	18	18	100
2015	18	18	100
2019	14	14	100

〈자료 : 국시원 시험 통계 자료〉

조산사 취업 현황

(단위:명)

종합병원	병원	의원	조산원	보건기관	계
11	10	18	28	-	67

*보건기관 : 보건소, 보건지소, 보건의료원, 보건진료소
〈자료 : 2018 보건복지통계연보, 보건복지부, 2018〉

3

소방공무원

간호사 면허를 취득한 후 간호 업무 분야에서 2년 이상 실무 경험이 있으며, 만 20세 이상 30세 이하인 자라면 구급 분야의 소방공무원으로 특별 채용될 수 있다. 소방공무원으로 특채되면 지방소방사로 재해, 재난 또는 사고 현장에서 응급처치는 물론, 환자 이송 중 간호를 담당하는 구급요원으로 활동하게 된다.

특별채용시험은 필기시험 → 체력시험 → 신체검사 → 면접 시험의 순서로 치르는데, 필기시험은 선택형으로 국어·영어·소방학개론 세 과목을 본다. 특히 영어는 구조·구급 등 소방 활동에 필요한 생활영어를 중점으로 출제한다.

1차 필기시험에 합격한 사람만이 2차 체력시험을 보고, 2차

소방공무원의 등급 : 11등급

소방총감, 소방정감, 소방감, 소방준감, 소방정, 소방령, 소방경, 소방위, 소방장, 소방교, 소방사

※ 지방소방공무원은 소방총감이 없으며 각 등급 앞에 지방을 첨가한다.

　예) 지방소방사

　(보다 자세한 내용은 '나의 직업 공무원'을 참조할 것)

체력시험을 통과한 자만이 3차 신체검사를 받는다.

　신체검사에서 불합격 사항이 없다면 마지막으로 면접시험을 치르는데 최종 합격자는 면접시험 합격자 중에서 필기 성적 65%, 체력 성적 25%, 면접 성적 10%의 비율로 합산하여 점수가 높은 순서로 선발 인원만큼 뽑는다.

　소방공무원으로 합격되면 공무원 보수규정에서 정한 소방공무원 봉급표에 의해 봉급과 수당을 받게 된다.

　소방공무원은 근무하는 지역의 지방공무원이지만 특수한 분야의 일을 담당하기 때문에 특정직 공무원으로 분류된다. 따라서 지방공무원법에 앞서 소방공무원법이 적용된다.

4

공무원(간호직·보건진료직)

    간호사 자격증을 받은 사람은 지방자치단체에서 시행하는 8급 간호직이나 8급 보건진료직 공무원 채용 시험에 응시할 수 있다. 일반 공무원들이 보통 9급으로 채용되는 것에 비하면 우대를 받는다고 할 수 있다.

    보수·승진·정년 등은 일반 공무원과 똑같이 공무원법에 따라 이루어지며, 일반직 공무원으로서 신분이 보장된다. 특히 보건진료직은 2011년 지방 별정직에서 지방 일반직으로 바뀌어 신분보장 면에서 이전보다 훨씬 좋아졌다고 할 수 있다.

    이들은 주로 국·공립 병원이나 시립병원 같은 의료기관 또는 보건진료원, 보건소 등과 같은 보건기관에 근무하며, 지역주민들

간호직 공무원 현황 (2012년 1월)

(단위:명)

구분	5급	6급	7급	8급	계
국가직	16	284	512	254	1,066
지방직	105	1,118	1,880	850	3,953

〈자료 : 행정안전부, 2011지방자치단체 공무원 인사 통계, 2012 행정안전통계연보〉

의 건강 증진을 위한 보건사업이나 보건 업무를 수행하고 예방접종 등을 실시한다. 그래서 간호직 공무원이나 보건진료직 공무원이 실제 하는 일은 그다지 큰 차이가 없다.

그런데 보건진료직은 간호직과 달리 애당초 간이 의료기관이라 할 수 있는 보건진료소에 근무하면서 간호 업무 외에 제한적으로 응급의료 시술을 하기도 한다. 보건진료직 공무원은 주로 이러한 보건진료소에 근무하는데, 보건진료소는 의료시설이 부족한 지역의 주민들을 위하여 '농어촌 등 보건의료를 위한 특별조치법'에 따라 설립된 의료기관이며, 2017년 전국에 1,906개소가 설립되어 있다.

이들은 정식 공무원으로서 비상시를 제외하면 정시 출근과 정시 퇴근을 하고 휴일과 유급휴가가 보장되기 때문에 종합병원 근무보다 개인적 시간을 많이 가질 수 있어 간호사 자격증을 가진 사람들이 많이 생각하고 있는 직업이다.

특히 보건진료직이 2011년부터 일반직 공무원으로 바뀌면서 간호사들이 공무원으로 진출할 수 있는 기회가 더욱 늘어났다고 할 수 있다.

현재 간호직 공무원의 수는 국가직 1,066명, 지방직 3,953명
이며, 앞으로 더 충원될 것으로 보인다.

1 간호직 · 보건진료직 공무원 채용 시험

- 응시 자격 : 간호사 또는 조산사 자격증 소지자
- 시험 과목 :
  - 8급 간호직 : 국어, 영어, 한국사, 간호관리, 지역사회
    간호
  - 8급 보건진료직 : 국어, 영어, 한국사, 공중보건, 지역사
    회 간호학
- 시험 방법 : 선택형 필기시험 + 면접시험
- 시행 기관 : 각 지방자치단체가 연 2회(봄·가을) 채용 시험
  실시
- 모집 인원 : 필요에 따라 조정(인원수는 매년 다르며 뽑지 않을 수
  도 있음)

  • 기타 공무원으로서 자세한 사항은 '나의 직업 공무원' 참조할 것.

2 보건진료소

보건소나 보건지소와 달리 보건진료소는 특별법에 따라 만
들어진 보건의료기관이다. 간호사나 조산사 자격을 가진 사
람들이 일정 기간 직무교육을 받은 후 보건진료원으로 근무

하는데, 주로 농어촌 벽지에 거주하면서 제한적 의료 서비스
를 제공한다.

보건진료원의 거주 의무

보건진료원은 지정받은 근무 지역을 포함한 일상생활 및 통상적 경제활동에 필
요하다고 시장 · 군수 · 구청장이 정하는 일상생활 권역 안에 거주하여야 한다.

- 보건진료원은 시장 · 군수 또는 구청장의 허가 없이 일상생활 권역을 벗어
  나서 아니 된다.
- 농어촌 등 보건의료를 위한 특별조치법 제20조
  * 자세한 사항은 보건진료원 홈페이지 참조 : http://www.chpa.or.kr

5

그 밖의 직업

다음은 간호사가 병원 이외에서 활동하는 직업 또는 간호사 자격증이 반드시 필요한 것은 아니지만 간호사 자격증이 있으면 유리한 직업들이다.

1 언더라이터(Underwriter)

보험회사에 근무하면서 보험에 가입하려는 신청자들의 서류나 건강 상태를 심사하여 개인의 발생 가능한 사망률이나 질병 발생률 또는 사고 위험률 등을 평가하고 보험 신청자의 보험 가입 여부를 결정하며, 위험 정도에 따라 보험료나 보험금의 한도를 조

정하는 역할을 하는 사람이다. 우리나라 말로는 '보험계약심사자'
라고 한다.

　　이들은 보험 가입 신청자의 나이·직업·병력 및 건강 상태
등과 같은 환경적 요인을 검토 분석하고, 고의 가입 여부를 조사하
며, 사고 발생 가능성이 높은 자와 낮은 자를 분류하여 보험료를
책정하고 보험 한도를 제한하는 등의 일을 한다. 필요한 경우, 계
약자에게 전화를 걸어 확인도 한다.

　　이렇게 하여 보험 가입자의 위험에 맞는 보험료를 결정함으
로써 위험 정도가 낮은 가입자가 위험 정도가 높은 가입자와 같이
많은 보험료를 지불하지 않아도 되어 가입자의 보험 가입 욕구를
충족시키고 동시에 보험회사의 안정적 운영을 가능케 한다.

　　알다시피 보험회사는 성격상 가입자들의 납입금과 보험금
사이의 차익을 목표로 하기 때문에 신청자에 대한 계약 심사는 회
사로 볼 때 가장 중요한 일이라고 할 수 있다. 특히 오늘날과 같이
보험의 종류가 많아지고 보장액이 높은 상황에서는 언더라이터의
역할이 매우 중요하다고 할 수 있다.

　　언더라이터가 되기 위해서 반드시 간호사가 되어야 하는 것
은 아니다. 일반 보험회사 직원 중에서 선발되어 하는 경우도 있
고, 간호사 중에서 특별 채용하기도 한다. 보험이 성격상 의료와
관계되는 부분이 많으므로 의료 지식이 풍부한 간호사가 일하는
데 유리하다고 할 수 있다. 그러나 의료 지식 말고도 계약 법규나
보험 세제, 재무 이론 등에 관한 지식도 필요하다.

언더라이터 자격증 제도는 생명보험협회에서 실시하는 민간 자격증만 있을 뿐 국가자격증 제도는 아직 없다. 보험회사의 언더라이터가 되기 위해서 반드시 자격증이 있어야 하는 것은 아니다. 채용 회사에 따라 간혹 언더라이터 자격증 소지자를 우대하는 경우가 있지만 의무 사항은 아니며, 대신 간호사 경력을 요구하는 경우가 있다.

보험회사 언더라이터의 월급은 회사마다 다르지만 동일한 경력 기간을 기준으로 했을 때 일반적으로 간호사의 월급보다 많으며 주 5일 근무를 한다.

언더라이터 자격증 제도에 관해서는 생명보험협회 홈페이지(http://www.klia.or.kr/)의 언더라이팅 사이트를 참고하면 된다.

2 장기요양기관의 간호요원

장기요양요원(간호)이란 장기요양기관에 소속되어 나이가 많거나 노인성 질환으로 생활이 불편한 노인들의 가사 활동을 도와주거나 기관 안에서 또는 노인의 집을 방문해서 간병 활동을 하는 사람을 말한다.

장기요양요원인 간호사는 의사, 한의사 또는 치과의사의 지시서(이하 '방문간호지시서'라 한다)를 따라 노인의 가정을 방문하여 간호 활동, 진료 보조, 요양 상담 또는 구강 위생 등을 제공하거나 요양기관 내에서 일시적으로 노인성 질환자들을 간병한다.

- **장기요양요원(간호)의 자격**
  - 간호사로서 2년 이상 간호 업무 경력이 있는 간호사
  - 간호조무사로 3년 이상 간호 보조 업무 경력이 있고, 보건복지부 장관이 지정한 교육기관에서 일정한 교육을 받은 자
- **장기요양기관에 필요한 간호사 수**
  - 노인의 가정을 방문하여 간병 활동을 하거나 기관 안에서 단기적으로 노인질환자를 돌보는 요양기관에서는 반드시 간호사를 한 명 이상 채용해야 한다. 그리고 단기보호자의 수가 25명을 초과할 때마다 간호사 한 명을 더 채용해야 한다(관련 법규 : 노인장기요양보험법, 시행규칙).

노인장기요양기관 현황

(단위:개,명)

연도	2008	2010	2015
시설수	1,717	3,751	5,063
정원	68,581	116,782	160,115

3 산후조리원 운영 또는 취업

산후조리원이란 임산부의 산후조리 및 요양 등에 필요한 인력과 시설을 갖추고 분만 직후의 임산부나 출생 직후의 영유아에게 급식 · 요양은 물론, 일상생활에 필요한 편의를 제공하는 기관

을 말한다. 간호사 자격이 있으면 산후조리원을 설립 운영하거나 산후조리원에 취업할 수 있고, 간호조무사 자격이 있으면 산후조리원에 취업할 수 있다.

산후조리원에 필요한 간호사와 간호조무사 인력은 다음과 같다.

- **간호사**

  1일 입원 영유아 7명당 1인(단, 간호사 정원의 100분의 30 범위 안에서 간호조무사로 대체할 수도 있음)

- **간호조무사**

  1일 입원 영유아 5명당 2인

  * 보다 자세한 사항은 '모자보건법', '모자보건법 시행규칙' 참조.

4 노인의료복지시설의 장 또는 직원

노인복지법 제32조와 제34조에 따르면 다음과 같은 노인주거복지시설과 노인의료복지시설이 있다.

- **양로시설**

  노인을 입소시켜 급식과 그 밖에 일상생활에 필요한 편의를 제공하는 것을 목적으로 하는 시설

- **노인공동생활가정**

  노인들에게 가정과 같은 주거여건과 급식, 그 밖에 일상생활에 필요한 편의 제공을 목적으로 하는 시설

- **노인복지주택**

  노인에게 주거시설을 분양 또는 임대하여 주거의 편의·생활지도·상담 및 안전관리 등 일상생활에 필요한 편의 제공을 목적으로 하는 시설

- **노인요양시설**

  치매·중풍과 같은 노인성 질환 등으로 심신에 상당한 장애가 발생하여 도움이 필요한 노인을 입소시켜 급식·요양과 그 밖에 일상생활에 필요한 편의를 제공하는 것을 목적으로 하는 시설

- **노인요양공동생활가정**

  치매·중풍과 같은 노인성 질환 등으로 심신에 상당한 장애가 발생하여 도움이 필요한 노인에게 가정과 같은 주거 여건과 급식·요양, 그 밖에 일상생활에 필요한 편의를 제공하는 것을 목적으로 하는 시설

간호사 자격을 가지고 있으면 노인복지주택을 제외한 이러한 시설의 기관장이 되거나 직원으로 취업할 수가 있다. 이러한 시설은 규모에 따라 일정 수의 간호사나 간호조무사를 채용하도록 노인복지법 시행규칙에 정해 놓았다.

양로시설 현황

(단위:개, 명)

연도	2001	2005	2008	2011	2013	2015
시설수	122	270	306	303	285	265
입소자	6,114	8,033	8,236	8,993	8,705	9,019

노인요양시설 현황

(단위:개, 명)

연도	2001	2005	2008	2011	2015
시설수	162	543	1,332	2,489	2,933
입소자	10,147	24,195	56,736	92,570	118,842

5 어린이집 원장 또는 직원

어린이집이란 보호자의 위탁을 받아 6세 미만의 아동들을 건강하고 안전하게 보호 · 양육하고 영유아의 발달 특성에 맞는 교육을 제공하는 기관을 말한다.

이러한 어린이집은 영유아가 100명 이상 되면 간호사나 간호조무사를 한 명 채용하도록 되어 있다.

그리고 간호사 면허를 취득한 후 7년 이상 동안 보육 등 아동 복지 업무를 한 경력이 있으면 일반 어린이집 원장의 자격이 있고, 가정 어린이집 원장의 경우에는 간호사 면허 취득 후에 5년의 경력만 있어도 된다(관련 법규 : 영유아 보육법, 시행령, 시행규칙).

어린이집 간호사 현황

(단위:명)

연도	2005	2007	2010	2012	2015
간호사 수	676	642	833	1,118	1,226

〈자료 : 2016 보건복지통계연보, 보건복지부, 2016〉

주요 참고자료

의료인 및 의료 기관에 대한 정의와 종류 (관계 법률 : 의료법)

의료법 제33조 제1항

의료법 시행규칙 제24조

전국 대학 간호(학)과 현황

전문간호사 실무경력기관
(전문간호사 자격인정 등에 관한 규칙 별표 1)

우리나라 의료기관 현황(2011년)

제2조 (의료인)

① 이 법에서 '의료인'이란 보건복지부 장관의 면허를 받은 의사·치과의사·한의사·조산사 및 간호사를 말한다.

제3조 (의료기관)

① 이 법에서 '의료기관'이란 의료인이 공중 또는 특정 다수인을 위하여 의료·조산의 업(이하 '의료업'이라 한다)을 하는 곳을 말한다.

② 의료기관의 종류는 종합병원·병원·치과병원·한방병원·요양병원·의원·치과의원·한의원 및 조산원으로 나눈다.

③ '종합병원'이란 의사 및 치과의사가 의료를 행하는 곳으로서, 다음 각 호의 요건을 갖추고 주로 입원환자에게 의료를 행할 목적으로 개설하는 의료기관을 말한다.

1. 입원 환자 100명 이상을 수용할 수 있는 시설

2. 내과, 외과, 소아청소년과, 산부인과, 영상의학과, 마취통증의학과, 진단검사의학과 또는 병리과, 정신과 및 치과를 포함한 9개 이상의 진료과목. 다만, 300병상 이하인 경우에는 내과·외과·소아청소년과·산부인과 중 3개 진료과목, 영상의학과, 마취통증의학과와 진단검사의학과 또는 병리과를 포함한 7개 이상의 진료과목

3. 제2호에 따른 진료과목마다 전속하는 전문의. 다만, 300 병상을 초과하는 경우에는 제2호 본문에 따른 9개 진료과목의 전문의, 300 병상 이하인 경우에는 제2호 단서에 따른 7개 진료과목의 전문의

④ '병원', '치과병원' 또는 '한방병원'이란 의사·치과의사 또는 한의
   사가 각각 의료를 행하는 곳으로서, 입원 환자 30명 이상을 수용할
   수 있는 시설을 갖추고 주로 입원 환자에게 의료를 행할 목적으로
   개설하는 의료기관을 말한다. 다만, 치과병원은 입원 시설의 제한
   을 받지 아니한다.

⑤ '요양병원'이란 의사나 한의사가 의료를 행하는 곳으로서, 요양 환
   자 30명 이상을 수용할 수 있는 시설을 갖추고 주로 장기요양이 필
   요한 입원 환자에게 의료를 행할 목적으로 개설하는 의료기관을
   말한다.

⑥ '의원', '치과의원' 또는 '한의원'이란 의사·치과의사 또는 한의사
   가 각각 의료를 행하는 곳으로서, 진료에 지장이 없는 시설을 갖추
   고 주로 외래환자에게 의료를 행할 목적으로 개설하는 의료기관을
   말한다.

⑦ '조산원'이란 조산사가 조산과 임부·해산부·산욕부 및 신생아를
   대상으로 보건과 양호 지도를 하는 곳으로서, 조산에 지장이 없는
   시설을 갖춘 의료기관을 말한다.

> 2 **의료법 제33조 제1항**

① 의료인은 이 법에 따른 의료기관을 개설하지 아니하고는 의료업을
   할 수 없으며, 다음 각 호의 어느 하나에 해당하는 경우 외에는 그
   의료기관 내에서 의료업을 하여야 한다.
   ·········
   4. 보건복지부령으로 정하는 바에 따라 가정간호를 하는 경우
   ·········

제24조 (가정간호)

① 법 제33조 제1항 제4호에 따라 의료기관이 실시하는 가정간호의 범위는 다음 각 호와 같다.

1. 간호

2. 검체의 채취(보건복지부 장관이 정하는 현장검사를 포함한다. 이하 같다) 및 운반

3. 투약

4. 주사

5. 응급처치 등에 대한 교육 및 훈련

6. 상담

7. 다른 보건의료기관 등에 대한 건강관리에 관한 의뢰

② 가정간호를 실시하는 간호사는 「전문 간호사 자격인정 등에 관한 규칙」에 따른 가정전문 간호사이어야 한다.

③ 가정간호는 의사나 한의사가 의료기관 외의 장소에서 계속적인 치료와 관리가 필요하다고 판단하여 가정전문 간호사에게 치료나 관리를 의뢰한 자에 대하여만 실시하여야 한다.

3. 가정전문 간호사는 가정간호 중 검체의 채취 및 운반, 투약, 주사 또는 치료적 의료 행위인 간호를 하는 경우에는 의사나 한의사의 진단과 처방에 따라야 한다. 이 경우 의사 및 한의사 처방의 유효기간은 처방일부터 90일까지로 한다.

⑤ 가정간호를 실시하는 의료기관의 장은 가정전문 간호사를 2명 이상 두어야 한다.

⑥ 가정간호를 실시하는 의료기관의 장은 가정간호에 관한 기록을 5년간 보존하여야 한다.

⑦ 이 규칙에서 정한 것 외에 가정간호의 질 관리 등 가정간호의 실시에 필요한 사항은 보건복지부 장관이 따로 정한다.

전국 대학 간호(학)과 현황

1 전문대학 간호과(68개교)

- **서울특별시**

  삼육보건대학 간호과(100명), 서울여자간호대학 간호과(180명), 서일대학 간호과(95명)

- **부산광역시**

  경남정보대학 간호과(60명), 대동대학 간호과(190명), 동의과학대학 간호과(80명)

- **대구광역시**

  대구과학대학 간호과(230명), 대구보건대학 간호과(160명), 수성대학 간호과(100명), 영남이공대학 간호과(145명), 영진전문대학 간호과(80명)

- **인천광역시**

  경인여자대학 간호과(150명)

- **대전광역시**

대전보건대학 간호과(90명), 우송정보대학 간호과(80명), 대전과학
기술대학 간호과(200명)

- **울산광역시**

  춘해보건대학 간호과(220명), 울산과학대 간호과(80명)

- **광주광역시**

  광주보건대학 간호과(80명), 기독간호대학 간호과(113명), 동강대
  학 간호과(150명), 서영대학 간호과(145명), 송원대학 간호과(70명),
  조선간호대학 간호과(149명)

- **경기도**

  경복대학 간호과(250명), 동남보건대학 간호과(120명), 두원공과대
  학 간호과(120명), 서정대학 간호과(45명), 수원과학대학 간호과(80
  명), 수원여자대학 간호과(150명), 안산대학 간호과(160명)

- **강원도**

  강릉영동대학 간호과(150명), 강원관광대학 간호과(60명), 송곡대
  학 간호과(90명), 한림성신대학 간호과(50명)

- **충청북도**

  강동대학 간호과(80명), 대원대학 간호과(90명), 충청보건과학대학
  간호과(60명), 충청대학 간호과(90명)

- **충청남도**

  백석문화대학 간호과(160명), 신성대학 간호과(110명), 혜전대학
  간호과(110명)

- **전라북도**

  군산간호대학 간호과(235명), 군장대학 간호과(65명), 원광보건대학 간호과(140명), 전북과학대학 간호과(70명)

- **전라남도**

  광양보건대학 간호과(160명), 동아인재대학 간호과(120명), 목포과학대학 간호과(160명), 청암대학 간호과(200명), 전남과학대학 간호과(140명)

- **경상북도**

  가톨릭상지대학 간호과(130명), 경북과학대학 간호과(120명), 경북전문대학 간호과(140명), 호산대학 간호과(130명), 경북보건대학 간호과(200명), 대경대학 간호과(89명), 문경대학 간호과(120명), 서라벌대학 간호과(80명), 선린대학 간호과(200명), 안동과학대학 간호과(200명), 영남외국어대학 간호과(60명), 포항대학 간호과(55명)

- **경상남도**

  거제대학 간호과(65명), 경남도립거창대학 간호과(40명), 김해대학 간호과(90명), 마산대학 간호학부(210명), 진주보건대학 간호과(250명)

- **제주도**

  제주한라대학 간호과(200명)

  〈자료 : 한국 전문대학 교육협의회, 2015 전문대학 편람〉

  *대학 학과는 상황에 따라 변동되오니 각 대학 홈페이지에서 확인바랍니다.

4년제 일반대학교 간호학과(111개교 + 방송통신대 1개교)

■ **서울특별시**

가톨릭대학교 간호학과(80명), 경희대학교 간호학과(43명), 고려대학교 간호학과(60명), 삼육대학교 간호학과(65명), 서울대학교 간호학과(64명), 성신여자대학교 간호학과(31명), 연세대학교 간호대학(74명), 이화여자대학교 간호과학전공(78명), 중앙대학교 간호학과(300명), 한국방송통신대학교 간호학과(RN-BSN 과정 2,500명), 한국 성서대학교 간호학과(45명), 한양대학교 간호학과(38명)

■ **부산광역시**

고신대학교 간호학과(100명), 동명대학교 간호학과(60명), 동아대학교 간호학과(80명), 동의대학교 간호학과(110명), 부경대학교 간호학과(40명), 부산가톨릭대학교 간호학과(85명), 부산대학교 간호학과(80명), 신라대학교 간호학과(50명), 동서대학교 간호학과(60명)

■ **대구광역시**

경북대학교 간호학과(110명), 계명대학교 간호학과(140명)

■ **광주광역시**

광주대학교 간호학과(80명), 광주여자대학교 간호학과(80명), 조선대학교 간호학과(80명), 남부대학교 간호학과(140명), 전남대학교 간호학과(88명), 호남대학교 간호학과(85명), 송원대학교 간호학과(70명)

■ **인천광역시**

가천대학교 간호학과(255명), 인하가톨릭대학교 간호학과(40명)

- **대전광역시**

  대전대학교 간호학과(70명), 배재대학교 간호학과(50명), 우송대학교 간호학과(80명), 을지대학교 간호학과(150명), 충남대학교 간호학과(90명), 한남대학교 간호학과(50명)

- **울산광역시**

  울산대학교 간호학과(99명)

- **경기도**

  수원대학교 간호학과(41명), 신경대학교 간호학과(40명), 아주대학교 간호학부(70명), 차의과대학교 간호학과(70명), 평택대학교 간호학과(25명), 신한대학교 간호학과(90명), 한세대학교 간호학과(25명)

- **강원도**

  강원대학교 삼척캠퍼스 간호학과(65명), 경동대학교 간호학과(315명), 관동대학교 간호학과(53명), 상지대학교 간호학과(50명), 연세대학교(원주) 간호학과(51명), 한림대학교 간호학부(105명), 한중대학교 간호학과(80명), 강릉원주대학교 간호학과(75명)

- **충청북도**

  건국대학교(충주) 간호학과(65명), 극동대학교 간호학과(65명), 꽃동네대학교 간호학과(40명), 세명대학교 간호학과(90명), 중원대학교 간호학과(65명), 청주대학교 간호학과(95명), 한국교통대학교 간호학과(54명), 유원대학교 간호학과(30명)

- **충청남도**

  공주대학교 간호학과(64명), 건양대학교 간호학과(40명), 남서울대

학교 간호학과(40명), 단국대학교(천안) 간호학과(112명), 백석대학
교 간호학과(100명), 상명대학교(천안) 간호학과(50명), 선문대학교
간호학과(57명), 순천향대학교 간호학과(50명), 중부대학교 간호학
과(65명), 한서대학교 간호학과(60명), 호서대학교 간호학과(50명),
나사렛대학교 간호학과(45명)

- **전라북도**

  군산대학교 간호학과(40명), 서남대학교 간호학과(65명), 예수대학
  교 간호학부(115명), 우석대학교 간호학과(80명), 전북대학교 간호
  학과(100명), 전주대학교 간호학과(50명), 원광대학교 간호학과(100명)

- **전라남도**

  세한대학교 간호학과(80명), 동신대학교 간호학과(100명), 목포가
  톨릭대학교 간호학과(84명), 목포대학교 간호학과(60명), 순천대학
  교 간호학과(60명), 초당대학교 간호학과(145명), 한려대학교 간호
  학과(50명)

- **경상북도**

  경운대학교 간호학과(150명), 경일대학교 간호학과(100명), 경주대
  학교 간화학과(40명), 김천대학교 간호학과(90명), 대구한의대학교
  간호학과(85명), 대구가톨릭대학교 간호학과(100명), 대구대학교
  간호학과(84명), 동국대학교(경주) 간호학과(70명), 동양대학교 간호
  학과(60명), 위덕대학교 간호학과(50명), 안동대학교 간호학과(40명)

- **경상남도**

  가야대학교 간호학과(144명), 경남대학교 간호학과(90명), 경상대
  학교 간호학과(70명), 영산대학교 간호학과(80명), 인제대학교 간
  호학과(84명), 창원대학교 간호학과(30명), 한국 국제대학교 간호

학과(40명), 창신대학교 간호학과(100명)

■ 제주도

제주대학교 간호학과(70명)

〈자료 : 교육부, 2018 대학 모집 단위별 입학 정원〉

*대학 학과는 상황에 따라 변동되오니 각 대학 홈페이지에서 확인바랍니다.

3 전문 간호사 실무경력기관 (전문 간호사 자격인정 등에 관한 규칙 별표1)

가. 보건
- 「지역보건법」에 따른 지역보건의료기관 및 「농어촌 등 보건의료를 위한 특별조치법」에 따른 보건진료소
- 정부 또는 지방자치단체(보건위생업무에 종사하는 경우만 해당한다)

나. 마취
- 의료기관의 마취통증의학과, 회복실, 당일수술센터 및 통증클리닉

다. 정신
- 「정신보건법」에 따른 정신보건시설 또는 정신보건센터
- 「지역보건법」에 따른 보건소(정신보건업무에 종사하는 경우만 해당한다)

라. 가정
- 의료기관
- 「지역보건법」에 따른 지역보건의료기관 및 「농어촌 등 보건의료를 위한 특별조치법」에 따른 보건진료소

마. 감염 관리

- 의료기관에 설치된 감염관리실
- 종합병원

바. 산업

- 사업장 의무실 · 건강관리실 또는 부속의료기관
- 「산업재해보상보험법」에 따른 산재의료관리원
- 노동부가 지정한 특수건강진단기관 또는 보건관리대행기관 (산업보건 업무에 종사하는 경우만 해당한다)
- 노동부, 한국산업안전공단, 대한산업보건협회, 한국노동연구원, 노동건강연구소, 한국산업간호협회, 근로복지공단 (산업보건 업무에 종사하는 경우만 해당한다)

사. 응급

- 응급의료기관
- 「소방기본법」에 따른 구급 · 구조대
- 종합병원

아. 노인

- 의료기관
- 「노인복지법」에 따른 노인복지시설
- 「지역보건법」에 따른 지역보건의료기관 및 「농어촌 등 보건의료를 위한 특별조치법」에 따른 보건진료소

자. 중환자

- 종합병원(중환자 간호 업무에 종사하는 경우만 해당한다)

차. 호스피스

- 의료기관(호스피스 관련 업무에 종사하는 경우만 해당한다)
- 종합병원

카. 종양

- 종합병원
- 「지역보건법」에 따른 지역보건의료기관(암 관련 업무에 종사하는 경우만 해당한다)

타. 임상

- 종합병원(심장·호흡기계, 소화기계, 신경·근골격계, 비뇨·생식계 및 내분비계 간호 업무에 종사하는 경우만 해당한다)

파. 아동

- 종합병원
- 「아동복지법」에 따른 아동복지시설
- 「영유아보육법」에 따른 보육시설
- 「학교보건법」에 따른 보건시설
- 「유아교육법」에 따른 유치원

* 경력 인정 기간 특례
위 표에서 '마. 감염관리' 및 '사. 응급 분야'는 종합병원에서의 2년 경력을 해당 분야의 1년 경력으로 인정한다.